U0905412

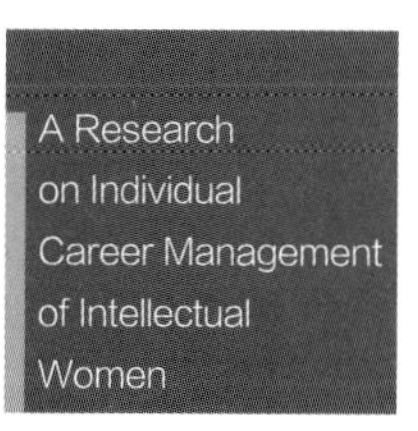

知识女性的自我职业生涯管理研究

段炜 著

中国社会科学出版社

图书在版编目(CIP)数据

知识女性的自我职业生涯管理研究 / 段炜著. —北京：中国社会科学出版社，2021. 3

ISBN 978-7-5203-7920-5

Ⅰ. ①知…　Ⅱ. ①段…　Ⅲ. ①女性—职业选择—研究　Ⅳ. ①C913. 2

中国版本图书馆 CIP 数据核字(2021)第 029156 号

出 版 人　赵剑英
责任编辑　车文娇
责任校对　周晓东
责任印制　王　超

出　　版　中国社会科学出版社
社　　址　北京鼓楼西大街甲 158 号
邮　　编　100720
网　　址　http：//www. csspw. cn
发 行 部　010-84083685
门 市 部　010-84029450
经　　销　新华书店及其他书店

印　　刷　北京明恒达印务有限公司
装　　订　廊坊市广阳区广增装订厂
版　　次　2021 年 3 月第 1 版
印　　次　2021 年 3 月第 1 次印刷

开　　本　710×1000　1/16
印　　张　10. 75
插　　页　2
字　　数　186 千字
定　　价　59. 00 元

序

一直以来，女性的职业发展都是学术界关注的热门话题。随着“二孩”时代的到来，女性的职业生涯再次面临考验。知识女性是职业女性的典型代表，研究者立足其工作和生活的实际，探究知识女性的职业发展状况，剖析其职业发展过程中的心理需求与变化，对于帮助知识女性有效管理职业生涯，具有极大的理论价值和现实意义。

本书的作者段炜，十四年前是我的一名学生，她勤奋好学，在研究生阶段就对知识女性的自我职业生涯管理研究产生了浓厚的兴趣，并将其作为自己的主要研究方向。十几年过去了，她一直在这个研究领域耕耘，这本著作就是她多年研究成果的结晶。她邀请我为本书作序，我愉快地答应了。

关于知识女性的职业生涯发展，我了解到一组数据。达沃斯世界经济论坛发布的《2017 年全球性别差距报告》显示，我国在“高等教育入学率”与“职业技术工人”两个项目上已经实现了完全的性别平等。① 中国科学院的调查研究也表明，2009—2015 年，我国女研究生毕业人数由 17 万人增长到 28.3 万人，占研究生毕业总数的比重由 45.7%快速提升至 51.4%；其中，博士毕业生中女性数量由 1.75 万人增长至 2.26 万人，所占比重由 35.9%上升至 42%。但是，进入职场后，随着职位、职称的上升，女性所占比例却在降低。截至 2015 年，中国科学院女院士共 56 人，占院士总数的 4.91%。第 1 至第 12 批国家“千人计划”引进的海外高层次人才有 6074 人，其中女性有 418 位，占比仅为 6.9%。② 在商业领域，

---

① Global Gender Gap Report 2017，World Economic Forum，《〈2017 年全球性别差距报告〉发布》，搜狐网（https：//www. sohu. com/a/202005056_753020），2017 年 11 月 2 日。

② 秦佩恒、赵兰香等：《女科学家：困境与解决》，《光明日报》2017 年 4 月 6 日第 13 版。

中国女性在公司董事会级别的人数占比仅为9.4%[①]；在政府与公务员领域，高层管理者中女性的比例也相对不高。

“从生物学的角度来看，男性与女性的智商和能力没有差别。高层女性减少可能与社会环境、社会观念、社会角色、社会分工等诸多方面的因素有关。”[②] 中国女科技工作者协会会长、中国科学院院士王志珍在一次采访中表示。

外部因素对知识女性职业生涯管理的影响是客观存在的，也是显而易见的。那么，知识女性自身的内部心理因素是否会对其自我职业生涯管理产生影响呢？带着这个疑问，本书的作者通过大样本的问卷调查和深入的访谈研究，探析我国知识女性自我职业生涯管理的状况。与以往的理论研究不同，本书通过真实的调研数据、鲜活的访谈资料、生动的个案解析，为我们打开了女性职业生涯研究的新视野。

研究发现，结婚生子是知识女性自我职业生涯管理的“分水岭”。结婚生子前，知识女性在自我职业生涯管理方面更为大胆和积极，踌躇满志；但在为人妻、为人母之后，其自我职业生涯管理则趋于保守。究其原因，或许是由于女性的自然属性和社会角色使然。在自然属性方面，受母爱和母性动机的影响，女性比男性在养育孩子方面付出更多的时间与精力；在社会角色方面，受传统社会意识和角色分工的影响，知识女性自身或其家庭成员会倾向于认为，女性“应当”在照料孩子和分担家务方面付出更多时间。

研究还发现，在婚后，不仅知识女性的自我职业生涯管理水平发生了变化，其职业价值观也发生了变化。未婚知识女性在职业发展中更看重能否实现职业理想、促进自我发展以及满足自身成就需要；而已婚知识女性则更加看重职业的稳定性和职业保障。因此，知识女性在结婚前后，其内在心理因素的变化影响了自我职业生涯管理的水平。

社会环境、社会观念、社会角色等外部因素，孕产期等客观因素，以及知识女性的职业价值观等内部心理因素的变化，直接影响其职业生涯管

---

① Global Gender Gap Report 2017, World Economic Forum,《〈2017年全球性别差距报告〉发布》，搜狐网（https://www.sohu.com/a/202005056_753020），2017年11月2日。

② 陈晓雪：《王志珍、罗晖：如何实现女科学家的职业梦》，财新网（http://china.caixin.com/2015-12-29/100893856.html），2015年12月29日。

理意识，制约了知识女性的职业发展，也导致高层女性占比相对较低。知识女性是社会发展的中坚力量，随着高等教育大众化水平的提高，知识女性这一群体还将不断壮大，她们的职业生涯发展直接影响社会的整体进步。提升知识女性的职业生涯发展水平，不仅需要重点关注已婚知识女性的自我职业生涯管理，也需要社会、家庭、知识女性自身三个层面的共同努力与协作。

在社会层面，我们需要清晰地认识到孕产期对已婚知识女性职业生涯产生的影响，在政策制定、准入条件限制、社会福利方面打消“性别盲视”，给予女性更多的权益，体现“差异化平等”。例如，国家自然科学基金委将女性申请青年科学基金的年龄放宽至40周岁（男性为35周岁），且进一步明确了女性可以因生育而延长在研项目结题时间的政策。①

在家庭层面，需充分认识到知识女性在照顾家庭方面花费大量时间和精力对其职业发展的影响，丈夫或其他家庭成员应给予知识女性足够的支持与理解，尊重她们的职业选择，坚定支持她们在职业发展中的付出。

对于知识女性自身而言，需增强自我职业生涯管理意识，科学合理地进行职业生涯规划，有效平衡工作与家庭，成为自信、自尊、自强、自立的新时代女性，在追求事业发展的同时拥有幸福美满的家庭。

期待将来有更多关于知识女性职业生涯管理的作品问世，为女性的职业发展提供参考、带来启示。同时，也期待社会为女性提供更优质的资源和机遇，期待家庭为女性提供更加有力的支持和自由空间，促进女性的健康发展、社会的和谐进步！

是为序。

王惠萍

教授　博士生导师

---

① 宋利彩：《国家自然科学基金委出台多项政策促女性科研人员发展》，《中国妇女报》，http：//www.nwccw.gov.cn/2017-08/25/content_174204.htm，2017年8月25日。

目　　录

第一章

职业生涯管理研究概述

作为促进个体职业生涯发展的重要方式，职业生涯管理（Career Management）日益受到人们的关注。自我职业生涯管理（Individual Career Management）① 是其中的一类。它是由个体主动实施、为促进自身职业生涯发展而进行的管理。然而，职业生涯管理的相关研究绝大多数是以男性为规范群体，忽视了女性与男性之间的客观差异。事实上，女性的职业生命周期与男性相比具有一定的特殊性，导致其在职业生涯发展上也存在许多显现或隐含的特殊问题，比如职业性别隔离以及对工作和家庭的平衡等。

随着社会的发展，女性的职业生涯发展必然面临新形势、新问题。"二孩"政策是促进我国人口均衡发展的一项重大举措，从 2011 年的"双独二孩"、2013 年的"单独二孩"，到 2015 年的"全面二孩"政策，我国计划生育政策的改革体现出了连续性和渐进性，在全社会引起强烈反响。在这一背景下，女性的职业生涯面临着新的挑战。

知识女性具有较强的自我意识和成就动机，是职业女性的典型代表，她们在市场竞争中面临着复杂多变的情形。而作为女性，由于其自身的生理与心理特质以及相应的性别角色期待，为人妻、为人母是她们生涯发展中不可分割的重要组成部分。如何进行自我职业生涯管理才能使女性在家庭幸福的同时收获职业发展中的成就感？本书选取了知识女性这一高知群体作为研究对象，在"二孩"政策的时代背景下，针对其自我职业生涯管理的特点、方式、存在的问题以及职业价值观与自我职业生涯管理的关系展开研究。

---

① 国内的职业生涯管理研究将 Individual Career Management 译为自我职业生涯管理。

第一节 职业生涯管理的相关概念

一 职业生涯

职业生涯概念的提出，最早可以追溯到20世纪50年代，那时研究者提出了职业选择（Occupation Choice）这一概念，之后，逐渐转变为职业（Vocation）的概念。20世纪60年代以后，“职业生涯”（Career）一词开始被广泛应用，在牛津辞典中“职业生涯”被解释为“个体在某一特定工作领域所从事的一系列工作，也可以称为一生的职业发展历程”。在英文中，与Occupation和Vocation相比，Career更加强调职业生涯的动态发展过程，它是一个人生命的进程，包含每一位工作的个体在一生中扮演的各种工作、休闲的角色，反映了个体独特的自我发展形态。①

职业生涯有广义和狭义之分。广义的职业生涯包含个人的生活形态、感情、婚姻、休闲娱乐、人际关系等②，狭义的职业生涯是指与个体一生所从事的职业或与工作有关的过程。对于职业生涯这一概念，不同研究者提出了多种不同的解释，尤其是从1970年以后，学者对职业生涯的定义，从单纯表示个体终生所从事的工作，逐步扩展为表示个人一生的发展历程，也就是说，它不仅包含个体的工作经历，还包含这些经历给个体带来的影响和体验。

比较具有代表性的职业生涯定义如下。Hood和Banathy（1972）认为，职业生涯是一个广义的概念，它既包括个体的职业选择和职业发展，还包括个体对非职业性活动的选择与追求。Hall（1976）认为，职业生涯是个体在一生中所认知到的、与工作有关的经验和活动的连续态度与行为的总和。③ Van Maanen和Schein（1977）认为，职业生涯可以分为内在生涯与外在生涯。内在生涯是指个体在生活中所经历的一系列活动计划和设计，这些活动可以帮助个体发展出较清晰的自我概念，并且使这一连串的

---

① Super，D. E.，“A Life-Span，Life-Space，Approach to Career Development”，in D. Brown and L. Brooks eds.，*Career Choice and Development*，San Francisco：Jossey-Bass，1990，pp. 167-261.

② 欧明臣：《广东地区企业员工自我职业生涯管理与组织职业生涯管理初探》，硕士学位论文，暨南大学，2004年。

③ Hall，D. T.，*Career in Organizations*，Glencoe，IL：Scott，Foresman，1976，p. 19.

计划对个体产生意义；外在生涯是指个体在毕生的工作过程中，与工作单位发生相互影响关系，并实现工作业绩的发展过程。① 黄英忠（1997）认为，职业生涯是个体在一生中经历各种不同的经验，是一个不断发展的过程。② Greenhaus 等（2000）认为，职业生涯是贯穿于个体整个生命周期的、与工作相关的经历的组合。在这个定义中，“与工作相关的经历”是一个广义的概念，它既包括客观的事件或情境，如工作职责、职位、工作行为、管理决策等，还包括对与工作相关事件的主观解释，如职业价值观、工作期望、职业需求等。③

在这些关于职业生涯的概念中，Super 等的概念最具代表性。Super（1976）认为职业生涯具有明显的个体独特性，它是一段发展历程，统合了个人一生中多种不同的职业和生活角色；从青春期一直到退休年龄，不管是有薪酬的职位还是无薪酬的岗位；职业生涯，是个体追求自我发展、不断实现目标的过程。④

从以上定义我们不难看出，一个人的职业生涯不仅包括一系列客观事件的发展，还包含自身主观知觉的变化。⑤ 全面考察主客观两方面的因素，才能对个人的职业生涯做出全面、充分的理解，才能对职业生涯的复杂性做出合理判断。

本章从广义的角度理解职业生涯，它统合了人一生中的多种角色，不仅仅是工作本身，还包括与工作相关的各种活动、生活形态以及在此过程中个人的主观感受⑥，由此构成了个体独特、完整的生涯发展过程。

---

① Van Maanen, J. and Schein, E. H., “Improving the Quality of Work Life: Career Development”, in Hackman, J. R. and Suttle, J. L. eds., *Improving Life at Work*, Santa Monica, CA: Goodyear, 1977, p. 66.

② 参见欧明臣《广东地区企业员工自我职业生涯管理与组织职业生涯管理初探》，硕士学位论文，暨南大学，2004 年。

③ Greenhaus, J. H., Callanan, G. A. and Godshalk, V. M., *Career Management*, Fort Worth: Dryden Press, 2000, pp. 8-9.

④ 参见罗双平《职业生涯规划理论》，《中国公务员》2003 年第 5 期。

⑤ Greenhaus, J. H., Callanan, G. A. and Godshalk, V. M., *Career Management*, Fort Worth: Dryden Press, 2000, pp. 8-9.

⑥ Hall, D. T. and Moss, J. E., “The New Protean Career Contract: Helping Organizations and Employees Adapt”, *Organizational Dynamics*, No. 4, 1998, p. 22.

二 自我职业生涯管理

职业生涯管理是对职业生涯进行规划、开发、监控和调节的过程，根据实施主体的不同，职业生涯管理可以分为组织职业生涯管理和自我职业生涯管理两种。

组织职业生涯管理（Organizational Career Management，OCM），由组织主动实施，对员工的职业发展进行计划和安排，是旨在开发员工潜力、留住员工、使员工自我实现的一系列管理方法，其最终目标是通过促进员工的职业发展来实现组织目标。自我职业生涯管理（Individual Career Management，ICM），也称个人职业生涯管理，由个人主动进行，以实现个人发展成就的最大化为目的。个体通过对自己的主观因素和客观因素进行分析，选定适合自己的职业、职位，制订相应的工作、培训计划，并对每一个步骤进行的时间顺序、方向和策略等做出合理的安排，以促进个人的职业发展顺利、有序地进行。[①] 组织职业生涯管理，更侧重于通过对员工的职业生涯管理来促进企业的发展，而自我职业生涯管理主要是从有益于个体发展的角度出发。随着无边界职业生涯（Boundaryless Career）[②] 和易变性职业生涯（Protean Career）[③] 等概念的出现，Hall 和 Moss（1998）认为，未来企业员工的职业生涯将是自我导向的，主要由员工个体进行自我职业生涯管理，因为它更加密切地关系到个人的生存质量和发展机会。[④] 它使个体能主宰自己的职业生涯，描绘未来的发展蓝图。

其实，自我职业生涯管理的概念主要强调了它与组织职业生涯管理的区别，学者对其内涵的理解存在多种不同的观点。

Stumpf 等（1983）和 Noe（1996）认为，自我职业生涯管理包括职

---

① 周文霞：《职业生涯管理》，复旦大学出版社 2004 年版，第 8 页。

② Mirvis，P. H. and Hall，D. T.，"Psychological Success and the Boundaryless Career"，*Journal of Organizational Behavior*，No. 15，1994，p. 365.

③ Hall，D. T.，"Protean Career of the 21st Century"，*The Academy of Management Executive*，No. 10，1996，p. 8.

④ Hall，D. T. and Moss，J. E.，"The New Protean Career Contract：Helping Organizations and Employees Adapt"，*Organizational Dynamics*，No. 4，1998，p. 22.

业探索、选择职业目标、确定职业实施策略等过程。[①] Orpen（1994）认为，自我职业生涯管理是企业员工通过个人努力来实现自身职业目标的过程。自我职业生涯管理主要包括个人计划和策略两个环节，个人计划是指个体寻求和分析自我职业发展的相关信息，根据这些信息对自我能力做出评价，并制订相应的职业计划；策略是指寻找和发现外部的职业发展机会，并能够为有效利用这些机会，做好必要的心理准备。[②] Kossek 等（1998）认为，自我职业生涯管理是一个过程，其中包括员工在组织内外寻找职业发展机会，积极解决职业发展过程中存在的问题，并逐步做出职业决策。[③]

Greenhaus 等（2000）在对自我职业生涯管理进行定义时，更加关注信息收集对自我职业生涯管理的重要影响。他认为，职业信息收集得越多，员工对职业发展的可能性就越有清晰的把握，职业期待也就越现实。[④] 自我职业生涯管理的过程是员工不断收集与自身职业相关的信息，解决职业现实问题和形成职业发展策略的过程。

Noe（1998）认为，自我职业生涯管理是一个员工主动行为的过程，员工主动地寻找并创造职业机会，为职业发展而不断学习，积极寻求同事和上级的职业发展支持和指导，积极构建职业发展网络和社会网络，在组织中不断表现出职业发展意愿并寻求晋升机会，以及为工作转换做出准备等。[⑤]

国内著名学者龙立荣（2003）认为，自我职业生涯管理是一个动态的、不断发展的过程，在这个过程中，员工是自我生涯管理的主体，不断寻求职业发展是自我职业生涯管理的目标，组织环境是自我职业生涯管理的依托。也就是说，自我职业生涯管理是指在组织环境下，由员工个体主

① Stumpf, S. A., et al., "Development of the Career Exploration Survey (CES)", *Journal of Vocational Behavior*, No. 22, 1983, p. 191. Noe, R. A., "Is Career Management Related to Employee Development and Performance?" *Journal of Organizational Behavior*, No. 17, 1996, p. 119.

② Orpen, C., "The Effects of Organization and Individual Career Management on Career Success", *International Journal of Manpower*, Vol. 15, No. 1, 1994, p. 27.

③ Kossek, E. E., Robert, K., Fisher, S. and Demarr, B., "Career Self－Management: A Quasi-Experimental Assessment of the Effects of a Training Intervention", *Personnel Psychology*, No. 51, 1998, p. 935.

④ Greenhaus, J. H., Callanan, G. A. and Godshalk, V. M., *Career Management*, Fort Worth: Dryden Press, 2000, p. 9.

⑤ Noe, R. A., *Employee Training & Development*, New York: McGraw-Hill, 1998, p. 285.

动实施的、不断提升个体竞争力的一系列方法与措施。自我职业生涯管理是一个贯穿员工职业发展整个过程的行为与行为策略。[①]

三 职业生涯规划

谈及职业生涯管理，人们总会想到“职业生涯规划”，也有不少人认为，职业生涯规划就是职业生涯管理，其实不然。职业生涯管理是对职业生涯进行规划、开发、监控和调节的过程。也就是说，“规划”是职业生涯管理的重要一环，职业生涯规划是针对职业生涯所做的设计。这一概念是由著名管理学家诺斯威尔最先提出的，他曾指出：“职业生涯设计就是个人结合自身情况以及眼前制约因素，为自己实现职业目标而确定行动方向、行动时间和行动方案。”[②] 换言之，职业生涯规划是个体为未来的职业发展所做的策划与准备，它是职业生涯管理的一个初始阶段，是制订计划、绘制蓝图的过程。

四 职业价值观

职业价值观（Work Value）[③] 是价值观的重要组成部分。它是人们衡量社会上某种职业的优劣和重要性的内心尺度。它是个人对待职业的一种信念，并为职业选择、努力实现工作目标提供充分的理由。[④] 因此，它与职业生涯管理有重要的关联。

关于职业价值观，国内外的学者从不同角度给出了可操作性的定义。国外学者分别从工作结果（Elizur，1984）、终极状态和信念（Ros，1999），以及工作目标和报酬（Schwartz，1999）等角度来定义职业价值观。国内学者也给出了各自的定义，如楼静波（1990）将职业价值观定义为对职业选择、职业生活的意义、职业等级等的价值评判；宁维卫（1991）则强调了职业价值观的社会性；黄希庭（1994）认为，职业价值

---

① 龙立荣：《企业员工自我职业生涯管理的影响因素》，《心理学报》2003 年第 4 期。

② 转引自王一敏《当代青年的职业选择与指导》，上海教育出版社 1998 年版，第 126 页。

③ Work Value（国内有的研究直译为工作价值观）通常指国内的职业价值观，但职业价值观与工作价值观所反映的基本倾向是一致的，这是由价值观是一种稳定的个性倾向的性质决定的。本书采用职业价值观这一表述。

④ 余华、黄希庭：《大学生与内地企业员工职业价值观的比较研究》，《心理科学》2000 年第 6 期。

观是人生价值观在职业问题上的反映；俞文钊（1996）认为，职业价值观是个人对职业乃至整个人生所产生的比较稳定的个性倾向；刘璐俐（1997）认为，职业价值观是个人对职业生活的能力意愿和态度倾向；凌文铨、方俐洛（1999）认为职业价值观是人们对待职业的一种信念和态度，或是在职业生活中表现出的价值取向；余华等（2000）将职业价值观定义为人们衡量职业优劣和重要性的内心尺度。于海波、张大均等（2001）在前人研究的基础上，总结出了较为全面、可操作性较强的定义，认为职业价值观是人们依据自身的需要，对待职业、职业行为和工作结果的，比较稳定的、具有概括性和动力作用的一套信念系统；它是个体一般价值观在职业生活中的体现；它不但决定了人们的择业倾向，而且决定了人们的工作态度；它是个体在长期的社会变化中所获得的关于职业经验和职业感受的结晶；它属于个性倾向范畴。①

我们选取职业价值观作为考察知识女性自我职业生涯管理的切入点之一，是考虑到当代知识女性具有较强的成就动机，在工作中投入了极大的精力，而作为女性，传统观念赋予她们在家庭方面的角色同样不容忽视。人的时间和精力毕竟是有限的，她们如何看待工作、如何管理日常的工作与生活，在一定程度上是其职业价值观的体现。具有不同职业价值观的知识女性，对于职业生涯有自己独特的诠释和各自不同的管理方法。

关于职业价值观的研究方法，心理学界一般采用量表法。在国外，与职业价值观有关的量表有职业爱好问卷（Vocational Preference Inventory，VPI）、职业兴趣调查（Kuder Occupational Interest Survey，KOIS）、明尼苏达职业兴趣量表（Minnesota Vocational Interest Inventory，MVII）等。② 其中，Super（1970）的职业价值观量表（Work Values Inventory，WVI）影响较大。本书采用黄希庭教授主持修订的 Super 职业价值观量表③，对知识女性的职业价值观进行调查，进而对其职业价值观与自我职业生涯管理的关系进行分析。

---

① 参考胡艳红《大学生择业效能感的因素分析及其与职业兴趣、职业价值观的关系研究》，硕士学位论文，陕西师范大学，2003 年。

② 胡艳红：《大学生择业效能感的因素分析及其与职业兴趣、职业价值观的关系研究》，硕士学位论文，陕西师范大学，2003 年。

③ 参见于玲玲《中专生职业期望研究》，硕士学位论文，苏州大学，2001 年。

第二节 职业生涯发展阶段及相关理论

职业生涯是一个动态的发展过程，可以分为不同的阶段。尽管每个人的职业选择经历、所从事的职业及特点，以及职业转换情况等都不尽相同，但人的职业生涯总是依年龄的增长向前发展的，其心理特征及发展重心在同一阶段具有共性；而各个不同的阶段，人们的需要、态度、工作行为以及员工与组织之间的心理契约则存在较大差别，相应的规划与管理策略也因阶段而异。所以，对职业生涯各个发展阶段的具体管理策略进行有针对性的研究就显得非常必要。较具影响力的职业生涯发展阶段理论有以下几种。

一 萨柏的职业生涯发展阶段理论

萨柏（Donald E. Super），美国著名职业管理学家，其职业生涯发展阶段理论属于纵向职业指导理论，研究个体的职业倾向和职业选择过程。他将职业生涯发展分为五个阶段：成长阶段、探索阶段、确立阶段、维持阶段和衰退阶段。

（一）成长阶段（0—14 岁）

个体逐步建立起自我概念，以多种方式表达需要，并在现实生活中不断尝试，修整自身角色。个体注重树立个人形象和正确的工作态度，明确工作意义，并主动提升职业能力。该阶段包含三个时期：①幻想期（10 岁及之前），从个人需要出发，对喜爱的职业进行幻想、模仿和角色扮演；②兴趣期（11—12 岁），个体的理想与行为以兴趣为主导，并以兴趣理解和评价职业，尝试进行职业选择；③能力期（13—14 岁），个体考量自身能力是否与喜爱的职业相匹配，并有意识地不断提升职业能力。

（二）探索阶段（15—24 岁）

个体开始通过学校学习、社会实践等活动，对自身的能力、角色等进行探索，形成自我认知和对自身的现实评价，在此基础上对职业选择进行探索，完成择业及初步就业。此时，个体对职业的偏好逐步具体化，并尝试进行职业选择。该阶段也包含三个时期：①试验期（15—17 岁），对自身的需要、兴趣、能力和机遇等进行综合认知与评价，开始尝试性地进行职业选择；②过渡期（18—21 岁），开始进入职场，或者参加专门的职业培训，职业倾向进一步明确，职业目标具有特定的指向性；③尝试期（22—24 岁），进入喜爱的工作领域，从事所选职业，验证职业发展目标的可行性。

（三）确立阶段（25—44 岁）

经过前面阶段的尝试，个体确定了合适的工作领域与职业，并谋求长远的发展。在这一阶段，个体在职业生涯中逐步确立属于自己的位置。重点是确定、稳固、发展。这也是大多数人职业生涯周期中的核心部分。它包含两个时期：①尝试期（25—30 岁），对初选的职业和目标进行评估，如遇问题则重新选择或做出调整，个体将在所选的职业中安顿下来。②稳定期（31—44 岁），追求职场地位的稳固和职业目标的达成，个体在该时期极具创造性，资历深厚，业绩较好。

这一阶段会有一个特殊时期，即职业中期危机阶段，是指个体在职业中期可能会发现自己偏离了既定目标或发现了新目标，因而对自己的需求和目标重新进行评价与调整，属于个体职业生涯中的转折期。

（四）维持阶段（45—64 岁）

个体在熟悉的职业领域中已经占据了一席之地，对工作驾轻就熟、游刃有余，转换职业的可能性极小。该阶段的重点在于维持既有成就和地位，维护工作与家庭间的和谐，并物色接替人选，将工作经验传承下去。

（五）衰退阶段（65 岁及以上）

个体在该年龄段的体力、精力都在衰退，着手为退出职场做准备，职业生涯即将结束。这一阶段重点是通过减少工作、减少权利和责任，逐渐退出职场，开发社会角色，回归家庭，适应退休后的生活。

二　金斯伯格的职业生涯发展阶段理论

金斯伯格（Eli Ginzberg），美国著名职业指导专家，他是职业生涯发展理论的先驱和典型代表人物。其研究的重点是从童年到青少年时期的职业心理发展过程。其理论将职业生涯分为幻想期、尝试期和现实期三个阶段。

（一）幻想期（11 岁之前的儿童时期）

儿童对身边的各种职业工作者充满好奇与幻想。在游戏中模仿从事某种职业，进行角色扮演。但儿童对某种职业只是单纯的喜爱，并未对自身能力、社会需求和工作机遇等进行思考，完全属于幻想阶段。

（二）尝试期（11—17岁）

这一时期是从少年向青年的过渡期，个体的生理和心理都在迅速成长，独立意识逐渐形成，知识、能力显著增强，价值观开始形成，初识社会生产和生活经验，并结合自身条件和机遇尝试职业选择。尝试期又分为：①兴趣阶段（11—12岁），开始培养职业兴趣；②能力阶段（13—14岁），评估自身能力，并在相关职业活动中表现出来；③价值观阶段（15—16岁），考虑到个人和社会的需求，根据自己的职业价值观进行职业选择；④综合阶段（17岁），综合考虑上述三个阶段及相关职业信息，确定职业发展方向。

（三）现实期（17岁以后）

此时，个体进入青年时期，接近或已经成年，开始参与社会劳动，能够对自己的职业意愿、知识和能力等方面进行客观分析，使之与社会需求相协调，并寻找适合自己的职业角色。在这一阶段，个体已经形成了具体、现实的职业目标。现实期可分为：①试探阶段，基于尝试期的收获，对各种职业机会与发展可能进行试探；②具体化阶段，将试探的结果具体化；③专业化阶段，以自己的职业目标为导向，为就业做具有针对性的、专业化的准备。

与其他职业生涯发展阶段理论不同，金斯伯格的理论主要针对职业生涯发展初期的各个阶段进行研究，揭示了个体在初次就业时职业意识、职业追求等方面发展变化的过程。其理论对个体职业发展的实践活动产生过重要影响，但仅针对职业生涯初期，并未对中后期进行具体研究。

三　格林豪斯的职业生涯发展阶段理论[①]

格林豪斯（Greenhaus），美国心理学博士，其职业生涯发展阶段理论与萨柏和金斯伯格不同，主要侧重于对个体不同年龄段职业生涯发展的主要任务进行研究，他将职业生涯划分为以下五个阶段。

（一）职业准备阶段（0—18岁）

这一阶段要完成就业前的所有准备工作，主要任务是形成并发展自身职业想象力，培养职业兴趣，在评估自身条件的基础上进行职业选择，参加相关的职业教育、技能培训等。

---

① 在格林豪斯的职业生涯发展阶段理论中，每个阶段的起止年龄有重叠的情况，本书依据文献，并未对这种情况进行调整。

（二）进入组织阶段（18—25岁）

这一阶段是“找工作、找到工作、找到适合的工作”的过程，主要任务是在求职的过程中不断获取职业信息，并以此为基础，选择适合自己的职业，进入较为理想的工作领域。

（三）职业生涯初期（25—40岁）

这一阶段是初入职场、全方位努力的阶段。主要任务是学习与职业、职位相关的知识和技能，不断提升工作能力与水平；学习并遵守组织纪律、职业规范，逐步熟悉工作流程，适应工作环境，积极融入组织；为职业成功打下坚实基础。

（四）职业生涯中期（40—55岁）

这一阶段是在努力的同时进行反思。主要任务是不断更新知识、精进技能，发奋工作，在争取成绩的同时，对职业生涯前期进行评估，强化或修正最初的职业理想，巩固或重新选定职业，全身心投入工作，争取有所成就。

（五）职业生涯后期（55岁至退休）

这一阶段要维持原有辉煌成就，在发挥余热的同时规划退休后的生活。主要任务是维持既有成就，指导新人，传授经验，维护尊严，为退出职场做准备。

四 施恩的职业生涯发展阶段理论①

施恩（Edgar H. Schein），美国著名心理学家、职业管理学家，他针对个体在不同年龄段的职业生涯发展中所面临的主要问题和主要任务，将职业生涯划分为以下九个阶段。

（一）成长、幻想、探索阶段（0—21岁）

在该阶段，个体的角色为学生、工作的申请者、候选人。主要任务是发现并发展自己的需要、兴趣、能力等方面，为职业选择奠定基础；学习并掌握与职业相关的知识，获取职业信息，形成价值观、职业动机和理想抱负，并以此为依据，为接受教育做出合理有效的决策，使心中的职业从幻想转变为可以掌控的现实；接受相应的职业教育与培训，开发适应工作

① 由于施恩的职业生涯发展阶段理论立足于人生不同年龄段在职业生涯发展中面临的主要问题和主要任务，在年龄段的划分上部分起止年龄有重叠的情况。

世界的基本习惯，发展工作所需的各种技能。

（二）进入工作世界（16—25岁）

在该阶段，个体的角色为应聘者、新学员。主要任务是进入劳动力市场，开始求职、应聘，谋取职业生涯中的第一份工作。应聘者与雇主达成正式、有效、可行的契约，成为某个组织或某种职业的一员。

（三）基础培训（16—25岁）

在该阶段，个体已经步入职场，其角色为实习生、职场新手。主要任务是了解、熟悉并融入组织环境，接受组织文化，尽快获得成员资格，并成长为一名合格成员；掌握并适应工作的操作流程，积极承担工作、应对工作任务。

（四）早期职业的正式成员资格（17—30岁）

在该阶段，个体已经取得组织的正式成员资格。主要任务是承担工作职责，履行并完成第一次工作任务；不断发展自身技能并展示个人专长，为提升能力与水平或尝试进入其他工作领域的横向职业成长奠定基础；依据自身能力、价值观、在组织中的发展机遇与约束等，对职业进行重新评估，决定去留，或者在自身需求、在组织中的发展机遇与约束之间寻找平衡点。

（五）职业中期（25岁以上）

该阶段的主要任务是个体选定某一专业或进入组织的管理部门；有意识地保持自身在职场中的竞争力，在所选专业领域或管理部门内继续学习和提高，力争发展成为行业专家或业务能手；在工作领域内承担较大责任，巩固职场地位；制订长期的职业发展计划。

（六）职业中期危险阶段（35—45岁）

在该阶段，个体的角色为组织正式成员、任职者等。主要任务是客观地分析并衡量自身的职业收获、理想抱负与发展前途；决定自己究竟是选择“接受现状”还是“争取可见的前途”；在工作环境中，成长为他人的良师。

（七）职业后期（40岁至退休）

在该阶段，个体的角色为资深员工、骨干成员、管理者等。主要任务是成为一名良师，学会影响、引导他人，对他人承担责任；提升技能与才干，以担负更大范围、更重大的责任；选拔培养接班人；如求安稳而就此停滞，则需正视并接受自身影响力、挑战能力下降的事实。

（八）衰退和离职阶段（40 岁至退休）

衰退或离职的具体时间因人而异。主要任务是学会接受权力、责任、地位的下降；学会接受、发展新角色；评估职业生涯，准备退休。

（九）离开组织或职业（退休）

这一阶段的主要任务是接受并适应社会角色的转变，以及相应的生活方式、标准等的急剧变化；运用在职场打拼多年所积累的工作经验和智慧对他人进行传、帮、带。

从以上九个年龄阶段的划分不难看出，施恩虽然基本按照年龄顺序划分职业发展阶段，但并未局限于此，而是更侧重于依据个体的职业发展状态、主要任务和职业行为的重要性对阶段进行划分。不同个体经历某一职业生涯发展阶段时的年龄并不是完全一致的，因此，施恩的理论给出的是大致的年龄跨度，且各阶段的年龄区间存在交叉。

五 加里·德斯勒的职业生涯发展阶段理论

美国著名人力资源管理专家加里·德斯勒（Gary Dessler）综合其他专家的研究成果，将职业生涯划分为成长阶段、探索阶段、确立阶段（包括尝试子阶段、稳定子阶段和职业中期危机阶段）、维持阶段和下降阶段。

（一）成长阶段（出生至 14 岁）

个体通过对亲人、朋友的职业认同并与其发生相互作用，自我概念逐步建立，对自身的兴趣、能力等形成了基本看法，开始了对职业选择的现实性思考。

（二）探索阶段（15—24 岁）

个体对各种可能的职业选择进行认真的探索。该阶段，个体通过学校教育、业余活动和工作等途径逐步了解了自身兴趣与能力，并试图与职业选择、职业认知相匹配。起初多为试验性的、较宽泛的职业选择，随着职业认知和自我认知的进一步加深，起初的职业选择会被重新审视，继而选定某一职业并为开始工作做准备。该阶段最重要的任务是对自身能力、资质条件等形成客观、现实的评价，并不断获取相关的职业信息。

（三）确立阶段（25—44 岁）

这一阶段是多数人职业生涯发展的核心阶段。通常情况下，个体希望在早期就能找到合适的职业，并在此基础上全力投入各项活动，以谋求长远发展。但在该阶段，个体大多仍在对职业选择的各种可能不断进行尝试。该阶段包含三个子阶段：①尝试子阶段（25—30 岁），个体通过评估以确定当前的职业选择是否与自身需求和能力相适应，从而对是否改变选择做出决策。②稳定子阶段（30—40 岁），个体的职业目标明确而坚定，并据此制订了较为明确的发展计划，进而对晋升潜力、工作调换的必要性以及为实现目标需要开展哪些活动等进行明确。③职业中期危机阶段（30—40 多岁的某个阶段），个体根据初期的职业理想和发展目标，对自己的职业发展状况重新进行评价。个体可能发现，自己并未向理想中的目标靠近。或者，个体虽完成了预定任务，却发现最初的梦想并非自己想要的全部。在该阶段，个体还可能对工作和职业在整个生活中的重要性进行思考。个体面临艰难抉择，确定自身需求、可行的目标，以及为实现目标需要付出的努力和代价等。

（四）维持阶段（45—65 岁）

个体已经在工作领域中占有一席之地，主要任务在于保持现有地位。

（五）下降阶段（65 岁以后）

个体临近退休，需要直面权力和责任减少的事实，尝试接受角色的转换，并成为职场新人的良师益友。面对退休时，学会合理安排生活，有效利用原来用在工作上的时间。

以上五种职业生涯发展阶段理论对具体阶段的划分虽不完全一致，但却具有相同或相近的出发点与基本思路。换言之，以上理论均假设人生的发展阶段与职业的发展阶段是高度相关的，因此，上述各种职业生涯发展阶段理论均以年龄作为阶段划分的重要依据。

第三节 结合我国国情的阶段划分及管理策略

一 结合我国国情的职业生涯发展阶段的划分

笔者以国内外的相关研究为基础，结合我国的发展实际，划分了符合我国国情的职业生涯发展阶段。[①]

（一）基础教育阶段（7—16 岁）

这是个体生长发育、储备知识的阶段。我国青少年的绝大多数会接受

① 相关研究成果发表于《科技与管理》，截至本书定稿已经被引用 43 次。

九年义务教育，掌握基础知识和基本生存技能。此时，他们形成了一定的自我观念，对自己的兴趣、爱好、能力、价值取向有了基本的了解，为职业探索奠定了基础。

（二）职业初探阶段（17—23 岁）

有望在未来的职场中成为佼佼者的，大多会在初中毕业后进入高中、大学阶段。在学校的各项学习与活动中，个体加深了对自己的认识，并从周围的环境中获取了一定的职业信息，开始试探性地将自身特点与相关职业进行匹配。

在前两个阶段，由于个体并未进入职场，从严格意义上讲不属于职业生涯的范畴，但是从宏观的角度，它们又是职业发展必不可少的储备期，与后期的发展是一个连贯的过程。

（三）立业阶段（24—45 岁）

个体开始从进入职场、初露锋芒，到站稳脚跟、有所建树，沿着规划好的职业发展方向一路攀升，达到事业发展的高峰。具体包括以下方面。

1. 职业确定阶段（24—26 岁）

我国的大学生二十三四岁毕业，刚刚毕业的两三年内，在自己最初选定的职业领域中，通过对实际工作的体验与反思，确定当初的选择是否适合自己，并于必要时重作决定，准确定位自己的职业。

2. 稳步发展阶段（27—45 岁）

个体对选定的职业及工作环境逐渐适应，不断提升专业技能，形成自身优势，树立良好形象，在职业发展道路上稳步前进。

3. 职业中期危机阶段（35—45 岁）①

由于企业结构趋于扁平化，进入职业中期的员工晋升空间非常有限，达到事业的“顶峰”，他们突然感受到现实对理想的冲击与未来发展的不确定性。而且，对于职业中期的中国人，上有老、下有小的家庭重担更使他们在职场中多了一份彷徨。

（四）维持阶段（46—55 岁）

一般情况下，个体这时在职场中已占有一席之地，重点就是保住现有的工作地位，维持现状。而我国目前存在另一种情况是企业精简机构，一些处于该年龄阶段的员工由于知识技能老化、体力和精力衰退而面临下

---

① 职业中期危机发生在稳步发展阶段，因此二者的起止年龄有部分重合。

岗，他们在 50 岁甚至早在 45 岁左右就进入了退离阶段，而不是理论中的维持阶段了。

（五）退离阶段（55 岁以后）

我国的法定退休年龄是 50 岁（女工人）、55 岁（女干部）或 60 岁。这时，大部分人对个人成就和进一步发展的愿望已经减弱，权利和责任逐渐减少，开始为退休做准备。

二 职业生涯不同阶段的管理策略

不同学者划分职业生涯发展阶段的具体方式各有不同，但其原则和规律是基本一致的，只要掌握职业生涯的发展规律、了解各阶段的特征，就能为有效的职业生涯管理提供帮助。在个体进行自我职业生涯管理的过程中，应结合各阶段的心理特征、需求、能力、组织与员工的心理契约类型等，采取相应的管理措施，充分挖掘个体在各个阶段的潜能，促进职业发展。

对于职业生涯不同阶段的管理策略，笔者不完全以自我职业生涯管理为出发点，而是从个体和组织两个角度进行分析。因为职业生涯管理不仅关系到个体的事业发展，还是一项关系到组织生存发展的系统工程。将自我职业生涯管理与组织职业生涯管理相结合进行呈现，主要目的是为职场中的人们进一步打开视野，做到知己知彼，去发现在我们的生涯发展进程中企业需要如何进行管理，为员工创设环境、创造条件，促进员工的长远发展，以便于我们在人才评聘、发展通道、薪酬福利、晋升政策、员工帮助计划等方面对企业有明确的认识，并能适时提出要求，维护自己的合法权益与发展权利，在进行职业生涯管理时把握主动权。

（一）基础教育阶段

在这一知识技能的储备期，教育部门是任务的主要承担者。除学习基础知识外，学生关键能力（Key Competencies）的培养同样重要。它是个体适应劳动力市场需求变化所必备的、跨职业的基本能力，是职业教育的起点。解决实际问题的能力、与他人交流和合作的能力、计算的能力、应用新技术的能力等①都属于这一范畴。它具有相通性和可转换性，单凭某一学科的教学而获得是不现实的。因此，应将职业教育渗透到普通教育

---

① 刘军：《中学生亟需职业生涯设计指导》，《中小学管理》2004 年第 8 期。

中。例如，在语文、社会等课程的教学中，采用表演的形式进行职业模拟，引入职业基础知识；在自然课上通过提供实践机会，培养学生与他人合作、解决问题的能力等。当然，受教育者自身也应有意识地提高自身的关键能力，而不是“死读书，读死书”，应该通过积极参加社会实践、志愿者服务等各种活动开阔视野，为自己创造了解职业、收集前沿职业信息、提升解决问题能力的机会。

（二）职业初探阶段

随着知识和阅历的逐渐积累，高中、大学阶段的个体开始根据自身条件，探索选择职业。这时，个体最重要的任务是自我认知和环境认知，而组织的任务则是尽可能地提供职业信息，帮助个体开始“触摸”职场。在这一期间，教育部门和企业都可以发挥作用，企业虽然不唱主角，但争取人才的时机已经到来。

1. 将职业测评和选课制度有机结合

目前在我国，高中和大学都实行选课制度，虽然具体情况有所不同，但都为学生学习自我规划创造了条件。他们可以选择学习有利于发展自身特长、符合职业理想的课程。但究竟什么样的课程适合将来的职业发展？正确认识自己是准确选课的前提条件。学校或企业可雇用专业的职业咨询师，帮助学生通过各种心理测评方法、职业倾向分析、职业锚点分析等，重新审视自己，有目标有方向地选课。协助学生迈好生涯规划的第一步，对企业来说不失为一个“预约人才”的好机会。对于学生个人而言，如果学校或企业没有创造职业测评的机会，可以自行寻求专业职业指导机构或职业指导教师、心理辅导教师的帮助，进行职业测评，为选课以及专业领域的选择提供借鉴。

2. 为学生提供相关的职业信息

信息是个体了解环境、把握机遇的前提。在校大学生，对自己未来的职业生涯已有初步打算，除学校应及时向学生提供相关的职业信息外，企业也不应被动地等待人才毕业，而应及早深入大学，用本企业的理念和资讯感染大学生，使其随时了解企业最新的职位动态信息，从而抢占获取人才的先机。

（三）立业阶段

这是个体职业生涯发展的核心阶段。从最初的不稳定、高离职率到后来选定职业方向、关注自己在工作中的成长和发展，该阶段是个体发展的黄金时期，同时也成为许多员工的“高产期”，组织应准确把握员工的特点和需求，力求在员工生涯发展的关键时期真正实现“双赢”。

1. 职业确定阶段

这一阶段，大学生刚刚走出校门，进入职场，与组织形成过渡型心理契约（Transitional Psychological Contract）。雇用关系形成的时间短，工作绩效不明显，稳定性较低，流动率高[①]，双方处于磨合阶段，心理契约并未真正形成。企业为留住人才，应针对新员工的特点，帮助其有效管理职业生涯。

（1）个体的自我评估、自我规划

①对自身基本素质进行测评。通过对性格、气质、职业兴趣、一般能力倾向等方面进行测评，个体给自己准确定位，降低职位选择的盲目性。更重要的是，通过测评企业能够全面了解员工的基本情况，结合职务分析结果，使员工各就其位，并针对其不足之处进行培训。

②企业提供职业生涯指导。组织可以采用自我评估、环境评估、与成功人士交流等形式的职业生涯讨论会，在短时间内形成特定的激励氛围，加深员工对职业生涯管理的认识，并辅助其制订阶段目标；还可通过编制职业生涯手册，向员工提供书面指导，涉及职业生涯规划的基础知识、与企业发展战略的关系、职业生涯开发与管理模式、评估工具以及相关参考资料等内容。使员工的生涯发展有所依据，并能与实际相对照，适时进行反思和改进。

（2）走出早期职业困境

①实际工作预览。就个体而言，在应聘前，应对企业以及应聘职位的相关信息进行全面了解，而不是盲目地为了应聘而应聘，从而导致入职后发现现实与预期的差异而经历初入职场即受挫。就组织而言，在新员工进入企业甚至是在招募时，应实行实际工作预览（RJPVs），向员工提供详尽的关于企业及职位的信息，使员工了解自己将要从事工作的优势与劣势，避免对工作产生不现实的期待而在真正的工作过程中受挫，最终导致人才的流失。

②组织为新员工安排具有挑战性的工作。新员工都希望在企业中大展拳脚，如果他们开始承担的工作，对能力的要求远远低于其实际能力，这样的大材小用会使员工逐渐对工作失去兴趣，感到厌倦。管理者应在员工

---

① 李文静：《员工职业生涯的心理契约的动态管理》，《经济与管理》2004 年第 10 期。

能力范围内，安排对其创新能力、技术水平等具有一定挑战性的任务，在必要时，给予适当指导和帮助，使其顺利完成任务，增强信心，也使组织绩效不会产生大的波动。

2. 稳步发展阶段

在这一时期，个体往往已经制订了较为明确的职业发展计划，进而确定自己晋升的潜力、工作调换的必要性以及为实现这些目标需要开展哪些活动等。这时，员工与组织之间的关系符合交换型心理契约（Transactional Psychological Contract），员工希望通过明确的工作绩效来体现自己的价值，以满足其职业发展的愿望，同时也希望企业对其付出给予公平的回报。①

针对这一阶段的心理契约特点，个体在此阶段应加大工作投入，提升工作绩效，尽可能利用一切机会体现自身价值，为谋求职业发展积累资源和资本。组织则应为员工提供必要的帮助并针对其业绩做出妥善安排。

（1）合理设置职业通道。这一阶段是决定个体能否获得职业生涯成功的关键阶段，应客观评估、分析自身职业锚点、兴趣、能力和需求等，以此为依据合理选择职业通道，切不可人云亦云，或盲目认为只有走行政管理路线才能有所发展。同时，对企业而言，该阶段的员工是企业发展的生力军，在企业内为他们设置合理的职业通道，是迎合其发展需要、肯定其业绩、防止人才流失的有效措施。而传统职业通道对一部分员工来说，与其职业自我观和兴趣是不相符的。对于具有技术锚点的个体，其兴趣就不在于管理职位，而强调实际技术或职能业务工作。对他们应采用双重职业通道，使专业技术人员能够在分别通往高级管理职位和高级技术职位的两条道路上自由选择。还可在此基础上，以职业锚理论为依据，设计多重职业通道，根据员工的兴趣和发展潜力进行规划。

（2）开展职业生涯咨询。组织可针对员工在职业发展过程中遇到的问题，安排人事部门职员、员工的直接上级或专业咨询员为其提供个别咨询。职业生涯咨询与其他组织职业生涯管理方式相比，互动性更强，更加个性化，咨询人员可以针对某个员工的具体问题做出具体分析，提供专业帮助，克服其他方式笼统、忽视细节的弊端。对个体而言，则应主动与人力资源部门、上级多沟通，说出自己发展过程中的困难、问题、顾虑，或者提出一些建设性的意见、建议和想法，为自己寻找发声、表达的契机，

① 李文静：《员工职业生涯的心理契约的动态管理》，《经济与管理》2004年第10期。

当然也是为个人发展创造机会。

（3）建立职业信息管理系统。对个体而言，实时关注组织内部职位动态，掌握人员变动一手信息，本身就是为自身发展抢占先机。对企业而言，为促进组织内部人员的合理流动、优化配置，从整体上提高组织绩效，应及时向员工提供相关的职位信息。通过资料下发、电子公告、海报等形式发布内部人力资源供求状况，职位的空缺、变动、轮换情况，以及相关职位的工作说明，如任职资格、具体职责和业务范围等，为员工发展创造机会。

3. 职业中期危机阶段

在35—45岁的某个阶段，人们对自己的现状、目标感到迷茫，陷入职业中期危机。个体和组织均应有针对性地采取措施。

（1）实现工作丰富化和工作轮换。处于职业中期阶段的员工，由于长年从事固定的工作，而逐渐丧失了新鲜感和工作热情。组织应通过工作丰富化来重新调动员工的积极性。在原有工作的基础上，增加富有挑战性的任务，或适当扩大权责范围。此外，还可进行工作轮换，使员工从长期工作的岗位转到另一种性质的工作中，虽然工资待遇和地位没有变，但进入了新环境、新领域，遇到了新问题，得到了接受新挑战、发展新技能的机会，重新激起工作热情和创造欲望，使其潜能得到再开发。对个体而言，应有勇气从固有模式中走出来，敢于接受新鲜事物与挑战，突破“瓶颈”，打破僵局，为职业成功再次加码。

（2）平衡工作与家庭责任。职业中期的员工们，处于“上有老下有小”的家庭重任和繁忙公务的“夹层”中。个体应根据自身需求和家庭实际情况，合理安排生活的重心，选择以一方为主，另一方为辅。人的时间和精力是有限的，分清主次，有所取舍，在工作和家庭之间寻找平衡点。同时，双职工家庭在进入职业中期阶段之前，应对夫妻双方的职业生涯管理进行统合设计，使双方在该阶段的发展相互补充、相互协调。而此时对于组织而言，帮助员工减轻部分家庭负担，使其平衡工作和家庭的关系，是重要的工作内容。例如，实行弹性工作制，为员工的子女、老人设立小饭桌、托老所等专门的服务机构；小公司则可以安排专人负责中介，为员工介绍合适的机构。

（四）维持阶段

在这一阶段，员工与企业之间形成平衡型心理契约（Balanced Psychological Contract)，员工已有较高的组织成员身份感。[①] 保持现有成就、针对福利与企业进行协商等是其关注的重点。下岗人员则关心失业后的生活保障，期望得到企业的体谅和关怀。据此，组织与员工个人应做好以下工作。

1. 为员工提供成为“导师”的机会

处于职业后期的在职员工，进取心逐渐下降，他们更需要一种平稳的工作。组织应帮助其转换角色，从过去的主导向辅助、指导、咨询的角色转变。充分利用其丰富的工作经验，赋予他们“导师”的身份，担任新员工的师傅、教练，使新员工获得及时的指导，尽早步入工作正轨，实现职业技能的开发和提升。就老员工个体而言，应学会面对并接受新生力量的加入甚至是替代，回顾职业生涯的发展过程，奋斗过已然无憾，将自己的智慧和经验传承下去，并在辅导新员工的过程中产生自我效能感，坦然面对角色的转换。

2. 为下岗员工提供帮助

一些员工刚刚进入职业后期阶段，却不得不面临下岗的困境，企业不应把他们当“包袱”甩掉了之，而应为其提供最低生活保障，并进行再就业培训，经考试合格后仍可择优录用。他们会比能力相近的新员工更容易进入工作状态，从而为企业节约成本。而且，对于其他在职员工，这些举措可以起到稳定人心的作用。

（五）退离阶段

对个体而言，这一阶段意味着已经进入结束职业生涯的阶段。此时，需要逐渐适应权责、地位、社会角色、生活方式的变化，卸下重担，轻装上阵，适应退休后的生活节奏，发挥余热。老有所为，老有所乐，享受生活。对组织而言，这一阶段，员工与企业之间形成关系型心理契约（Relational Psychological Contract)。雇用关系已经维系了较长时间，员工形成了高度的组织成员身份感，契约的稳定性较好。[②] 企业应针对该特点，在满足退休员工合理福利要求的同时，积极关注其退休生活。如举办新老员工茶话会等各种活动，聘请老员工做公司的业务顾问、技术比赛评委等，不仅使退休员工体会到组织的关爱，减少因退休而产生的失落感，满足并提升其价值感，也发挥了老员工的余热，还带动了新员工。

---

① 李文静：《员工职业生涯的心理契约的动态管理》，《经济与管理》2004 年第 10 期。

② 李文静：《员工职业生涯的心理契约的动态管理》，《经济与管理》2004 年第 10 期。

第二章

“二孩”政策与知识女性自我职业生涯管理

第一节　女性发展视角解读“二孩”政策

所谓“二孩”政策，是区别于以“只生一个好”为指导思想的计划生育政策，允许符合条件的家庭可以生育第二个孩子。“二孩”政策是促进我国人口均衡发展的一项重大举措。从2011年的“双独二孩”到2013年的“单独二孩”，再到2015年的“全面二孩”，我国的生育政策呈现较强的连续性和渐进性，在全社会引起了强烈反响。

一　“二孩”生育政策的发展历程

我国的计划生育政策在实施初期，有效控制了人口的过快增长，缓和了人口与有限资源之间的矛盾。但随着时间的推移，其弊端和由此产生的问题也逐渐凸显，如性别结构失衡、老龄化进程加速、独生子女家庭养老问题等，对计划生育政策的调整迫在眉睫。国务院于2001年12月颁布了《中华人民共和国计划生育法》，将之前的政策性规定调整为：“国家稳定现行生育政策，鼓励公民晚婚晚育，提倡一对夫妻生育一个子女；符合法律、法规规定条件的，可以要求安排生育第二个子女。”① 到2011年年底，我国已全面实施“双独”家庭生育二孩的政策。2013年12月28日，第十二届全国人民代表大会常务委员会第六次会议表决通过《关于调整完善生育政策的决议》，“同意启动实施一方是独生子女的夫妇可生育两

---

① 参见马小红、孙超《中国人口生育政策60年》，《北京社会科学》2011年第2期。

个孩子的政策”。[①] 2015年10月，党的第十八届中央委员会第五次全体会议审议通过了《中共中央关于制定国民经济和社会发展第十三个五年规划的建议》，提出“全面实施一对夫妇可生育两个孩子政策”。[②] 2015年12月27日，第十二届全国人民代表大会常务委员会第十八次会议决定对《中华人民共和国人口与计划生育法》进行修改，明确“国家提倡一对夫妻生育两个子女”，自2016年1月1日起施行。[③] 至此，我国结束了实施长达35年的独生子女政策。

回顾计划生育政策的历史可以发现，计划生育政策的主要目的是调整人口数量与结构，在这一过程中，计划生育政策将生育行为由个人及家庭层面上升到国家与社会层面。[④]

二 “二孩”政策的“另类”解读

“二孩”政策实施以来，引起了社会各界的关注与讨论，如生不生“二孩”、能否养得起“二孩”、“二孩”对大孩成长的影响、两个孩子的教育成本等都成为网络媒体、街头巷尾热议的话题。“二孩”政策的影响广泛而深远，就国家和社会而言，生育是人口发展的动力，关乎人口战略规划，能有效减缓老龄化进程；就普通家庭而言，生育是血脉的延续，有了更多的生育机会和选择权。但在这种种的影响中，最为直接的则是指向广大女性。

第一，源于性别歧视的求职压力进一步加剧。

由于自身的生理结构和相应的性别角色期待，女性在求职过程中本就容易遭受性别歧视。“全面二孩”政策潜在地增加了用人单位的成本[⑤]，这种成本通常会被转移到女性求职者身上，不仅可能会降低女大学生、研究生等初次求职者的竞争力，而且对于已经生育一个孩子的女性来说，如

① 《全国人大常委会关于调整完善生育政策的决议》，中央政府门户网站（http：//www.gov.cn/jrzg/2013-12/28/content_2556413.htm），2013年12月28日。

② 《中共中央关于制定国民经济和社会发展第十三个五年规划的建议》，求是网（http：//www.qstheory.cn/dukan/qs/2015-11/15/c_1117135373.htm），2015年10月29日。

③ 《全国人民代表大会常务委员会关于修改〈中华人民共和国人口与计划生育法〉的决定》，求是网（http：//www.qstheory.cn/yaowen/2015-12/28/c_1117592985.htm）。

④ 张韵：《“全面二孩”政策对女性职业发展的影响及因应之策》，《福建行政学院学报》2016年第4期。

⑤ 肖胜利：《二孩政策下的女性就业歧视问题研究》，《法制与社会》2016年第7期。

果再次面临求职，情况也不容乐观。已婚已育且有工作经验的职业女性本应成为求职大军中的佼佼者，而随着“二孩”政策的实施，已经育有一孩的女性存在再次生育的可能性，在求职过程中也将可能失去独有的竞争优势，与未婚未育的女性面临同样的性别歧视与挑战。

第二，两次生育将使职业生涯中断期进一步延长。

女性是生育的主体，生育子女对其而言，并不仅仅意味着一个漫长的周期与艰辛的过程，其职业生涯发展也势必因此而中断或受到不同程度的影响。女性的“三期”——孕期 10 个月，产期（按照产假计算）约 5 个月，哺乳期约 12 个月（其中 5 个月与产期重叠），整个过程约长达 22 个月。在这个复杂而漫长的过程中，女性承担着生理与心理的双重压力：怀孕期间的各种妊娠反应对正常工作产生影响，分娩阶段生理消耗巨大，哺乳期间密集的喂养、照顾新生儿消耗极大的体力和精力投入。整个过程占用着女性绝大部分的时间，消耗了几乎全部的精力，其职业生涯中断、发展空间受限成为不可回避的事实。生育一孩尚且如此，如果生育两个孩子，无疑会进一步延长女性脱离职场的时间，导致女性与职场脱节，逐渐降低职场竞争力，重返工作岗位、谋求职业发展的难度进一步加剧。

第三，生活重心的变化导致职业上升空间受限。

生育、哺乳、照顾子女使女性在体力、精力方面消耗极大，如果再育有两个子女，则消耗更甚。在重返职场后，既要工作，又要兼顾两个孩子的抚养、教育。孩子年幼，家务庞杂，即使有家人的协助，为了孩子的身心健康成长，母亲的角色也是绝对无可替代的。生育数量会削弱女性的劳动时间供给。① 作为两个孩子的母亲，必然需要更多的情感和时间投入，生活的重心自然会转移到子女身上，职业发展的成就动机减弱，对职业生涯的追求趋于现实。职业女性在家庭事务中投入的时间大幅增长，投入工作的时间势必会减少，而用于自我提升、学习充电的时间则几乎缩减为零。身处知识技能飞速更迭的时代，养育“二孩”而忽略自身的学习与提高，势必导致发展停滞，职业上升空间受限。

尽管如此，女性这一生育主体的个人发展并未得到足够的社会关注，

---

① 张川川：《子女数量对已婚女性劳动供给和工资的影响》，《人口与经济》2011 年第 5 期。杨菊华：《“单独二孩”政策对女性就业的潜在影响及应对思考》，《妇女研究论丛》2014 年第 4 期。

在与生育政策相关的公共讨论中，与女性发展相关的议题也是凤毛麟角。女性在家庭中扮演着至关重要的角色，同样，女性的职业角色也不可或缺。职场女性经受着来自生育与职业发展的双重压力，在“二孩”政策实施后，其职业生涯将面临极大的挑战、变化甚至是冲击。因此，正确认识并分析“二孩”政策背景下女性职业发展所面临的挑战，探讨女性如何平衡家庭与事业的关系，怎样管理职业生涯、谋求职业发展，积极寻求解决方案，帮助女性进行合理有效的自我职业生涯管理是十分必要且重要的。

第二节 “二孩”政策下的女性自我职业生涯管理相关研究

笔者开展研究之初，在中国学术期刊全文数据库以“二孩”、“女性职业生涯”为关键词检索到相关论文仅有 108 篇，且多为理论研究。可见，该领域的研究虽为热点，但仍处于起步阶段，原因在于“二孩”政策出台不久，相关研究有待于充实和完善。

一 相关研究综述

“全面二孩”政策的实施，使有二孩生育意愿的家庭获得了政策支持，但与此同时，女性二次生育与职业生涯发展之间的冲突也进一步凸显。尚未生育的女性和已育一孩的女性，面临着相似的问题与困惑，其职业生涯决策与职业发展策略都面临着修订与调整。

黄桂霞（2014）认为，生育二胎可能导致职业女性职业生涯的暂时中断和二次就业，性别歧视突出，再就业较为困难。① 叶文振（2014）指出，“全面二孩”政策的实施，会使女性面临更为严峻的就业挑战和职业发展瓶颈，他提出相应的应对措施。② 宋健、周宇香（2015）的实证研究发现，女性的生育行为会对其就业产生显著的消极影响，生育后再就业的

① 黄桂霞：《促进女性公平就业研讨会综述》，《妇女研究论丛》2014 年第 1 期。

② 叶文振：《“单独二胎”生育政策的女性学思考》，《中共福建省委党校学报》2014 年第 12 期。

可能性低于无生育经历的女性。[①] 李芬（2015）指出，女性承担生育、抚养这些工作的家庭照顾者的角色常常让女性在劳动力市场中处于被动的劣势地位，陷入“收入惩罚”、劳动力市场的性别隔离、职业发展的“玻璃天花板”等多重“生育陷阱”。[②] 张韵（2016）从生育主体的视角，将生育二孩对女性的职业影响归纳为三种类型：一是孕产及哺乳期身体及心理状况不佳对于女性职业发展的直接影响；二是产后职业资本的减少对于女性职业发展的间接影响；三是自身职业动机减弱对于女性职业发展的根本影响。[③] 李龙万（2016）则是从企业经营者的视角进行了分析，认为生育二孩不仅影响女性的就业行为，还影响女性的工作行为，包括：使女性被动地将生活重心由工作转向家庭；阻碍女性的职业发展；阻碍女性的受教育进程；使女性脱离社会的时间延长，不利于再次融入工作；加强了女性的职业倦怠，弱化其成就动机。[④] 张霞、茹雪（2016）认为，生育二孩对于女性职业发展的不利影响包括职业中断、收入惩罚、向下的职业发展、就业性别歧视甚至是彻底失业。[⑤] 不仅如此，我们还应当特别关注的是，“全面二孩”政策的实施虽然给予女性更多的生育选择权，但也有可能带来负面叠加效应。[⑥] 这种叠加效应是指，女性在职业生涯各个环节与整个周期中的各种不利影响相互累积，从而会造成女性在劳动力市场与职业生涯中“弱者更弱”的情景[⑦]，在职场竞争中获胜的可能性降低，进而使其成就动机不断减弱。

现有的关于“二孩”政策背景下女性的职业生涯研究以理论研究居多，且较多地集中于“二孩”政策对女性职业发展的负面影响、应对策略以及

---

① 宋健、周宇香：《中国已婚妇女生育状况对就业的影响——兼论经济支持和照料支持的调节作用》，《妇女研究论丛》2015 年第 4 期。

② 李芬：《工作母亲的职业新困境及其化解——以单独二孩政策为背景》，《东南大学学报》（哲学社会科学版）2015 年第 4 期。

③ 张韵：《“全面二孩”政策对女性职业发展的影响及因应之策》，《福建行政学院学报》2016 年第 4 期。

④ 李龙万：《“全面二孩”政策对女性就业的影响》，《产业与科技论坛》2016 年第 21 期。

⑤ 张霞、茹雪：《中国职业女性生育困境原因探析——以“全面二孩”政策为背景》，《贵州社会科学》2016 年第 9 期。

⑥ 杨芳、郭小敏：《“全面二孩”对职业女性的影响及政策支持研究——基于工作与家庭平衡的视角》，《中国青年研究》2017 年第 10 期。

⑦ 肖琴、汤林涛、张扬、孙银花：《全面二孩政策下的女性职业生涯保障探析》，《河南科技大学学报》（社会科学版）2016 年第 4 期。

女性“二孩”生育意愿的调查及影响因素的分析，而这些仅涉及女性自我职业生涯管理的几个片段，缺乏系统性的研究。此外，这些研究大多是描述整个女性群体对“二孩”政策的反应，而现实情况是，不同文化背景、职业领域的女性在该政策背景下的职业决策、发展困境等是不同的。

二 研究对象界定

本书选取知识女性作为研究对象。目前，学术界对于知识女性还没有一个明确的定义，本书在参考相关研究及文献的基础上，从女性的文化知识水平出发，将知识女性界定为：接受过高等教育，具有大学专科以上文化程度（包括在校生），在社会各领域以从事脑力劳动为主的女性。

知识女性作为具有较高文化层次的女性群体，是职场中的佼佼者，具有较强自我意识、自主能力和成就动机，具有主动分析、规划、调控自身职业生涯发展的潜能。同时，由于相应的性别角色期待，为人母也是她们生涯发展的重要组成部分。而在当前的“二孩”政策背景下，如果决定生育两个孩子，将两次打破职业生涯的连贯性，对整个职业生涯的发展势必产生决定性的影响。

本书立足“二孩”的时代背景，针对知识女性的自我职业生涯管理进行系统化的研究。以知识女性的心理需求及发展特点为出发点，对其自我职业生涯管理的现状进行调研、分析，旨在帮助知识女性合理有效地进行自我职业生涯管理，使知识女性能够在职场中理性定位，合理设定发展目标、规划发展路径、制定自我提升策略，积极、有效地平衡工作与家庭之间的关系，在家庭幸福的同时，收获职业发展中的成就感。

前人关于自我职业生涯管理研究的侧重点不同、方法不同，对于职业生涯管理维度的划分也存在比较大的差异。本书以知识女性作为研究对象，根据前人的研究成果，结合女性的生理心理特征及职业发展特点，将知识女性自我职业生涯管理划分为职业选择、学习深造、婚恋生育、成功探索和工作家庭平衡五个维度。

三 研究的创新点

（一）“二孩”政策背景下心理学视角的研究

目前，我国针对女性的职业生涯发展研究不断涌现，但自我职业生涯管理研究仍主要以男性为样本，且多从组织行为学、管理学的视角展开。

本书选取知识女性为研究对象，立足我国“二孩”政策的现实背景，从心理学的角度出发，以女性的个人发展为着眼点，充分考虑其生理心理特点，以全新的视角对自我职业生涯管理进行研究。此外，现有的女性职业生涯发展研究，通常以“职业女性”作为对象，范围较宽泛，所有处于职业角色中的女性都属于该范畴，而实际研究却主要是针对教师、医生、公务员、公司白领等职业领域的女性。本书认为，将研究对象定位为知识女性较为贴切和准确。

（二）量化与质性相结合的研究

国内关于女性职业生涯的研究以理论为主，缺乏实证的支持。本书采用量的研究与质的研究相结合的方法，在对知识女性的自我职业生涯管理进行问卷调查和统计分析的基础上，加入观察与访谈的原始记录，用她们的本真话语对问卷的统计结果加以补充、印证或反驳并提出疑问，使二者在研究中相辅相成。

（三）知识女性职业发展的系统性研究

以往关于女性职业生涯发展的研究主要探讨的是职业进入阶段的一些问题，例如职业选择、职业期望、职业动机等，或是就某单一问题如对女性区别于男性的职业生涯发展阶段、工作家庭冲突等进行研究论述，很少对女性的职业生涯进行全面阐述。本书针对该问题，参考女性的职业发展特点及相关研究，囊括了女性职业生涯不同阶段面临的主要问题，从而摆脱了对单一方面的论述，便于读者对知识女性的自我职业生涯管理有一个完整、清晰的把握。

（四）与职业价值观紧密结合的研究

知识女性对自己职业生涯的管理，即使从不同维度来考察，也都有一条隐含的线索贯穿其中，那就是职业价值观。不同的职业价值观，使女性以独有的视角看待自己的职业发展，管理生活和工作。本书选择职业价值观作为一个参照点，研究它与自我职业生涯管理之间的关系，尝试结合职业价值观对职业生涯进行管理。

四　研究思路

对相关研究的总结和分析发现，心理学视角的女性职业生涯研究关注女性个体的成长与发展，强调个人背景因素对职业的影响。本书便以此为出发点，对知识女性的自我职业生涯管理展开分析和探究。在理论综述的基础上，通过问卷调查，收集数据资料，分析：①不同背景知识女性自我职业生涯管理的特点。②知识女性的职业价值观与自我职业生涯管理的关系。在此基础上通过现场访谈，进一步深入知识女性群体，倾听她们的心声，对其感受和想法进行深入挖掘、探究。③目前知识女性自我职业生涯管理的方式和存在的问题。

第三节 知识女性职业发展面临的困境与思考

一 知识女性职业生涯不同阶段的职业发展特点

在职场中谋求发展，无疑会给人带来或大或小的压力。其中，女性的职业压力尤为显著。无论是就业、晋升，还是结婚生子，都给职业女性增添了许多问题和困惑。当代知识女性的职业发展特点主要集中在如下几个方面。

（一）职业生涯初期遭遇发展瓶颈

许多知识女性在职业生涯初期，即20—35岁，由于择业时考虑不周，在其后的发展中遇到障碍。由于相应的性别角色期待，女性在择业时不免会把这种期待作为参考，首选那些极具女性特质的工作，如文秘、空姐、模特等。而随着年龄的增长，她们发现这类工作的发展空间较为狭小，而且多年的工作并未带来知识技能方面的太多进步，不免产生紧迫感。

也就是说，一些所谓吃“青春饭”的职位使女性在35岁左右进入发展“瓶颈”，面临重新择业。35岁左右这一年龄段又正是众多企业所设置的一道就业门槛，因此，她们不得不面对成为职业边缘人的尴尬。这并不是说这些职业没有前途，而是需要对自己的整个职业生涯的走向有宏观的设想和把握。

（二）“三期”影响职业生涯发展的连贯性

三期是指女性的孕期、产期和哺乳期。绝大多数女性都会经历这三期，而这无疑会破坏职业生涯的连贯性，对事业发展产生影响。经过三期，女性已经十几个月或更长一段时间脱离了工作环境。新人的加入、激烈的竞争、技术的更新，会使意欲重返岗位的女性产生危机感。如果原来的工作被顶替甚至取代，会使她们更加彷徨。

“二孩”政策的全面铺开，部分女性选择第二次生育，在重返职场不久后再次脱离职场。有些女性则为了专心养育大孩、孕育二孩，选择在生育第一个孩子后暂不工作，在生育二孩后再考虑重返职场，这时却因脱离职场太久而被拒之门外。因此，出于对上述情况的考虑或他人的前车之鉴，很多知识女性对是否生育、何时生育以及是否生育二孩产生犹豫，甚至在生育前后面临选择：是回家相夫教子还是继续工作？

（三）“玻璃天花板”将职业女性阻挡在晋升行列之外

女性进入职业中期，婚姻家庭趋于稳定，经过生涯初期的探索与努力，形成了自身优势，建立了一定范围的支持网络，具备晋升的良好条件。很多女性却在这时遭遇“玻璃天花板”。

所谓“玻璃天花板”是指女性在事业前途上如阻隔了一层玻璃天花板，虽然前途一片光明，但永远难以涉及。[①] 这样一道无形的屏障使她们与管理职位无缘，即使业绩突出也很难有晋升机会，未来的发展愿景可望而不可即。传统社会对女性“女主内”的刻板印象与人们对女性家庭角色大于职业角色的期望，都成为职业女性发展的障碍。

（四）面对事业与家庭的平衡

在女性广泛就业的社会背景下，与男性相比，社会对女性提出了双重要求：具备独立、坚毅、果断等事业成功的素质，具有温柔、贤惠、顺从等传统美德。职业女性在争取事业成功和社会认可的同时，还要做好“贤妻良母”，如果是两个孩子的妈妈，则肩负着更重的责任。因此，工作与家庭的冲突成为影响知识女性职业发展的重要因素。

同时，与男性相比，女性的成功也更多地受到双重标准的检验，必须事业和家庭两方面同样成功。[②] 因此，想要维持事业与家庭的天平，缺乏合理规划，盲目追求事业上的高目标、家庭中的高投入是极不现实的，反而会徒增挫败感。

二 “二孩”政策对职业生涯不同阶段知识女性职业发展的影响

处于职业生涯发展不同阶段的女性，受“二孩”政策影响的程度是

---

① 沈之菲：《超越“玻璃天花板”——21 世纪女性的职业选择》，《教育与职业》1999 年第 2 期。

② 吴贵明：《女性职业生涯发展研究综述》，《福建商业高等专科学校学报》2004 年第 1 期。

不同的。参照第一章第二节中“结合我国国情的职业生涯发展阶段的划分”，我们将育龄阶段的知识女性大致归为三个不同的职业生涯发展阶段。

（一）25岁以下，立业初期阶段

这一阶段的知识女性，有的在职场中崭露头角，而有的则初入职场。杨菊华（2014）认为，“全面二孩”政策的出台相当于使女性的就业环境雪上加霜，女性在家庭中将要花掉比以前更多的时间，无疑让用人单位对女性更加避之不及。因此，用人单位虽然在表面上不制订与相关政策相违背的性别歧视条款，但实际上通过提高女性的入职门槛降低了招收女性员工的可能性。① 换言之，“二孩”政策将会使女性面临更高的就业门槛。此外，女性是生育主体，“二孩”政策进一步强化了其生育功能和家庭角色，不少年轻女性承受着来自社会和家庭的生育期待以及相应的心理压力。

（二）25—35岁，稳步发展阶段

这一阶段的知识女性在职场中开始形成自身优势，积累了一定的职业发展资本与资源。但处于该阶段的女性即使只有一个孩子，也面临着照顾家庭和投入工作两方面在时间和精力上的冲突。而生育二孩则意味着失去更多的工作机会和发展空间，且在生育二孩后重返职场存在一定的风险。宋健等（2015）的研究显示，女性的生育行为对其就业存在消极影响，曾因生育而中断就业的女性重新就业的可能性低于没有这一经历的女性。② 人力资本理论认为，职场中的个体主要通过培训和工作经验来积累人力资本，一旦个体离开了工作岗位，其与工作相关的人力资本积累将会中断，同时，已经习得的工作经验和工作能力由于不能及时更新，会在日新月异的职场中被迅速淘汰。这一阶段的女性正处于事业上升期，这一阶段人力资本的积累至关重要。考虑到生产期和哺乳期的时间都较长，离开职场必然会对个人的职业资本积累产生不利的影响。同时，伴随“全面二孩”政策的出台，不少地区推出了延长女性

---

① 杨菊华：《“单独两孩”政策对女性就业的潜在影响及应对思考》，《妇女研究论丛》2014年第4期。

② 宋健、周宇香：《中国已婚妇女生育状况对就业的影响——兼论经济支持和照料支持的调节作用》，《妇女研究论丛》2015年第4期。

产假的配套政策，实际上间接延长了职业女性离开职场的时间，在一定程度上不利于女性的职业发展。①

（三）35岁以上，职业中期危机阶段

这一阶段的知识女性在职场中已占有一席之地，却面临职业中期危机，突然感受到现实对理想的冲击与未来发展的不确定性。而且，在这一阶段选择生育二孩，则已经到了医学界公认的“生育高危人群”的年龄。随着年龄的增长，身体机能下降，会发生许多变化，如内分泌的变化、体重指数的增加以及工作生活压力造成的心理压力增大，高龄再生育导致妊娠并发症，如妊娠期高血压疾病、妊娠期糖尿病、甲状腺疾病的发病率明显增加②，危害母婴的健康。

身体健康是职业发展的基石，选择高龄生育二孩的女性将面临比初次生育时更大的健康风险。一旦健康亮起红灯，则会严重影响工作投入与工作效率，使原本可能面临职业中期危机的女性，在工作中无法胜任具有挑战性的工作任务，难以突破“玻璃天花板”，而在职场中逐渐被边缘化。因此，生育二孩对这一阶段女性最大的负面影响在于潜在的健康威胁与职业中期危机的叠加，这使女性面临双重考验。

第四节　知识女性职业生涯管理意识的养成与提升

职业生涯是一个人从与职业相关的学习开始，到职业劳动最终结束退出职场的整个过程。它包括就业的形态、培训学习的过程、工作的经历、职务的升迁以及与职业相关的其他各种活动等。在个人有限的生命中，职业生涯占据着绝对重要的位置。从进入职场前的教育和培训，到退休离职，职业生涯的各种活动伴随着绝大部分人的大半生时间，也直接影响人们的生活质量和生命价值。就此层面而言，拥有令自己满意的职业生涯，才可能称得上完善了个人的人生经历、拥有了完整的人生。而建立职业生涯管理的意识是拥有成功职业生涯的第一步，对于知识女性而言也是如此。

---

① 张韵：《“全面二孩”政策对女性职业发展的影响及因应之策》，《福建行政学院学报》2016年第4期。

② 范玲：《二孩政策放开后高龄孕妇的管理》，《中国医刊》2017年第10期。

笔者认为，职业生涯管理意识是职业发展进程在个体头脑中的反映，它建立在职业认知的基础上，是个体对整个职业生涯进行设计、开发、反思、改进等的总体观念和思路。提到职业生涯管理意识，学者们的研究多集中于大学生职业生涯规划意识的建立与培养。分别以“生涯意识”“生涯规划意识”“生涯管理意识”等关键词在中国学术期刊全文数据库中进行检索，得到的结果中绝大部分是围绕培养大学生职业生涯规划意识展开的研究。此外，相关研究以及高校的实际课程，也通常是针对大学生总体层面，并未单独针对女性大学生的生理特点和角色特征进行个性化的辅导和教育。

从相关研究我们不难看出，职业生涯规划意识至少应当从大学时期开始建立。我们在第一章曾辨析过“职业生涯规划”与“职业生涯管理”的概念，职业生涯规划是职业生涯管理的重要一环，是一个开始，是策划和准备的过程。相应地，“职业生涯管理意识”也应当是“职业生涯规划意识”的进一步发展和完善。在大学时期形成了职业生涯规划的意识，并进行了合理的规划，在进入职场后则需要拓展职业生涯管理的意识和能力。

一 女性职业生涯管理意识的形成与发展

职业生涯管理意识具体到女性群体，则更需要根据女性的生理、心理的发展特点及早培养和建立。女性的职业生涯管理意识的发展大致经历以下三个阶段。

第一阶段，树立职业理想，建立职业自信。建立职业理想与树立人生理想是同步的。在我们的童年时期，认知能力迈出了一大步，那时就已经开始有了各种奇思妙想。这个时期的各种想法还是比较幼稚的，甚至是空想，但这可能是未来人生理想的雏形。随着年龄的增长，个体在认知水平、理解能力、判断能力、思辨能力、决策能力等方面都有了快速的发展，逐步形成了更加接近现实的理想。此外，受社会环境、家庭环境以及个人的成长经历等各方面因素的影响，个体的职业理想更加清晰，职业发展方向更加确定。

对于女性而言，职业理想是从自身能力和兴趣出发，而不局限于所谓的“女性职业”，选择真正与自身条件相匹配的职业发展方向，为长远的职业发展打下基础，也是为将来职业生涯的成功创造条件。这就是职业生涯管理意识的第一阶段。这个阶段的职业生涯管理意识并没有完全定型，仍会因各方面因素的影响而做出修订和调整。但是，它已对女性的学习、工作和社会实践以及各方面知识和能力的培养起到了重要的作用。女性在早期建立职业理想，对拥有属于自己的工作、获得经济独立充满期待，为将来立足职场，真正做到自信、自立、自强做好最基础的心理建设。

第二阶段，为实现职业理想，增强职业生涯规划意识。该阶段是职业生涯管理意识发展的关键时期，决定了女性是否能够胜任自己理想的职业。选择大学，选择专业，选择职业领域、发展方向与路径都属于这一阶段。除了加强专业学习、提升专业技能，还需要更多地了解环境、了解所学专业的发展前景与社会需求状况等。要坚决摒弃消极的职业发展观念，认为“听家长的安排”，“女孩子学什么将来都得嫁人”，以至于大学、专业都是父母决定，进而在大学毕业后仍然是父母一手操办，安排什么工作就干什么工作。这种依赖心理和所谓的“随遇而安”观念会对女性一生的发展产生深远的负面影响。不符合自己兴趣的专业学起来痛苦，不适合自己能力的工作干起来艰难，而且鲜有突破和发展。在第一阶段建立了职业自信的基础上，女性应当有效利用每一次自主选择的机会，发挥主观能动性，主动出击。以职业理想为指引，设定长期目标，对职业生涯及时、合理地进行规划。选择适合自己的发展路径，设置具有激励作用的短期目标和中期目标，并探索有效的实施策略。例如，专业领域深造、参加技能大赛、参与社团活动、投身社会实践、拓展人脉资源、参加培训辅导、行业企业调研等。在策略实施的过程中，及时进行评估反馈，对原有的安排和规划进行调整和修订，勇于探索适合自己的发展轨迹。

当然，在规划的过程中，应当把结婚生子、“三期”（孕期、产期、哺乳期）以及是否生育二孩等方面考虑在内。因为，刚刚毕业的年轻女大学生，在求职就业时就将面临用人单位就结婚生育等方面的询问与考量。因此，女性在进入职场前甚至是在进行专业选择时就必须将该方面的问题纳入职业生涯规划。比如，我们的研究发现，部分女生在选择专业时，即使喜欢也还是会避开化工、电子等专业，原因是担心将来如果进入化工类、电子类企业工作，会影响身体健康，进而影响生育质量。虽然这样的想法从某种程度上讲是对专业的认知有所偏颇，却是女性职业生涯管理意识的一种体现。当然也有很多女性以发展目标为指引，很好地解决了兴趣与规划之间出现的矛盾。

第三阶段，培养职业生涯开发意识，从容把控，适时调整。这时女性的职业生涯管理意识应从职业规划的意识拓展为职业生涯开发的意识，即在对职业生涯进行开发、把握、监控、调整的过程中有掌握职业生涯全局的观念和想法。这是前两个阶段意识发展的自然结果。这一阶段的女性已经进入规划中的发展领域，开始稳步向前，当然也开始面临着规划中所涉及的一些现实问题，比如“三期”带来的职业生涯中断、“玻璃天花板”、“意外到来”的二孩等。女性应当重点关注：在继续精进业务技能、稳固职场地位的同时，为平衡工作和家庭、平稳度过职业生涯的中断期和瓶颈期等尽早做好计划和安排，并根据实际面临的变化及时做出调整。

二 影响女性职业生涯管理意识的因素

（一）社会观念

社会性别理论认为社会通过制定一系列符合男女两性性别身份和性别特征的社会秩序，规训着男女两性的气质、角色和行为，并使个体不自知地接受并将其内化，发展出与社会要求符合的男女两性气质和两性角色。[①] 受社会传统观念的影响，女性的角色定位更倾向于家庭，“男主外，女主内”的观念根深蒂固。根据这种观念，女性更适合从事相对稳定的职业，不必追求事业成功，应以“相夫教子”为主业。传统观念浸润下的社会生态认为，女性应当成全家庭而牺牲工作，这种生育和抚养的家庭照顾者角色也常常让女性在劳动力市场中处于被动的劣势地位，陷入“收入惩罚”、劳动力市场的性别隔离、职业发展的“玻璃天花板”等多重“生育陷阱”。[②] 女性的职业生涯管理意识也会因此受到传统社会观念的深刻影响。

（二）职业价值观

个体的价值观念在职业生活中的体现就是职业价值观。职业价值观是价值观的重要组成部分，它是个体对待职业的一种信念。它不但决定了个体的择业倾向、工作态度，也决定了个体对整个职业生涯进行设计、开发、反思、改进等的总体观念和思路，即职业生涯管理意识。我们的研究

① 程倩：《二孩政策对白领职业女性的影响——以 A 大学青年女教师为例》，硕士学位论文，安徽大学，2017 年。

② 风笑天：《生育二胎：“双独夫妇”的意愿及相关因素分析》，《社会科学》2010 年第 5 期。

表明，在职业发展中看重声誉、成就、独立性等的女性具有较强的职业生涯管理意识，而看重安全性的女性，其职业生涯管理意识相对较弱。

（三）就业压力

就业的压力增强了求职者的紧迫感与危机感，使不少女性的职业发展观念产生了变化。“二孩”政策的落地可能使部分女性在家庭中耗费比以前更多的时间和精力。在现有就业体制下，用人单位性别歧视的程度、设置的就业门槛会“隐蔽”地提高，女性就业或再就业的难度进一步增强。因此，女性的生涯发展理念、职业生涯管理意识自然会受到影响。但是，这种影响是双向的，部分知识女性会因为这种压力而对职场望而却步，而有的知识女性，则会将这种压力变为激发斗志的动力，其职业生涯管理意识反而得到了增强，及早规划、提前储备、自我完善，为发展奠定良好的基础，在奋斗的路上步步为营。

（四）自身条件

每个人的思想修养、知识、技能水平各异，兴趣、性格、气质有别，也决定了职业生涯管理意识的不同。人格特质的不同会在一定程度上影响女性在职场中的表现，但女性的能力与职业生涯管理意识之间则是相辅相成、相互促进的关系：意识强、观念新，有目标、有计划、有追求，会极大提升女性的能力和修养；反过来，能力强、修养好，有成绩、有发展、有未来，职业生涯管理意识也会因此而进一步提升。

三　女性职业生涯管理意识的提升

（一）培养积极的求职意识

美国著名管理学家格拉斯·霍尔说，一个人的目的、意向和期望对其活动方向和影响力都有强有力的影响。换言之，意欲所往，无欲则不达。因此，女性从大学时期开始就应当培养积极主动的求职意识，了解专业的培养方向，关注并收集社会动态信息及专业相关领域的人才需求，不断调整自己的知识结构，不断调整职业意向。

（二）清晰的自我认知

只有对自己的职业兴趣、人格特质、职业价值观、能力和潜能等方面有充分的认知，才能明确自己适合什么样的专业领域，能胜任什么样的工作，也才能正确设立职业发展目标。清晰的自我认知是非常关键的，如此才有可能在职场上获得主动权，准确自我定位，知道自己“在哪里”和

“要到哪里去”。女性在选择专业和职业的时候，应当在充分自我认知的基础上，选择能够最大限度发挥自身才能优势的领域，为自己在其后的职业发展中赢得主动权。

（三）全面的环境认知

“知己知彼，百战不殆”，对于职场，道理亦然。女性需要全面掌握所处环境的动态信息，以便于及时精准地处理信息并适时采取行动，为自己选择合适的位置。这里所指的环境既包括社会环境，也包括组织环境。社会环境包括当前社会的政治和经济发展趋势、相关政策。比如，在“二孩”政策实施之初，不少女性就开始对职业生涯进行重新考量，足见其对女性职业发展产生的影响。环境认知还包括社会热点职业门类分布与需求状况，以及自己所选职业在当前社会中的地位等。组织环境则包括组织内部环境和组织外部环境。组织内部环境，包括组织规模、组织结构、人员流动、竞争实力、发展态势、女性员工进修机会、升迁政策、培训方法、薪资报酬、福利措施、女性员工“三期”的待遇等；组织外部环境包括企业面对的市场状况、在本行业中的地位与发展趋势，以及所从事行业的发展状况及前景等。

（四）明确的职业生涯发展目标

女性应在自我认知并进行环境分析的基础上选择自己的职业方向，确立职业生涯发展目标。短期目标、中期目标、长期目标分段设置，分步实施。短期目标可以在大学初始就开始设置，时间至大学毕业前。以此为基础，在职业生涯的每个发展阶段都要制订相应的短期目标，逐步达到中期目标，直至长期目标的达成。目标有极强的指引性，在设置时应当遵循务实适当、指向明确、方向专一、层次分明等原则。女性在不同生涯阶段的角色变化相比于男性要复杂得多，因此，有明确的目标，方向才会清晰，才不会因为生涯的短期中断等原因而失去方向，导致发展停滞。

（五）重视知识技能的储备

才能是一个人在工作中表现出来的技能、经验和知识，它是一个人工作表现很出色的基础。个体在选择专业、大学和工作单位时，本质上都是双向选择。拥有足够的知识和技能储备，才能在双向选择的过程中争取主动，才能为选择一个既符合社会发展和企业用人要求，又有利于自身发展的领域做好充分准备。“你若盛开，清风自来”，“打铁还需自身硬”，诸如此类的说法，其实都是强调只有以过硬的知识技能傍身，才能将职业生涯的走向和发展进度掌握在自己手中，灵活把控。

（六）不断提升综合能力，完善自我

除了知识技能的储备，综合能力也同样重要。女性可以通过积极参与社会活动来丰富业余生活，当然更重要的是能够提升综合能力，培养良好的社交形象与修养，提高社交能力，训练和提升表达能力、团队协作能力等。综合能力的提升有助于女性在繁复变化的职场上从容处理各种复杂的问题，更快地打开工作局面，打破困境，建立自信。

第三章

知识女性自我职业生涯管理的量化研究

第一节　知识女性自我职业生涯管理的量化研究设计

一　调查目的

本章通过问卷调查，研究不同背景的知识女性自我职业生涯管理的差异特点，分析知识女性的职业价值观与自我职业生涯管理的关系，尝试帮助知识女性结合职业价值观更有效地进行自我职业生涯管理。

二　研究方法

本章主要采用问卷调查法对知识女性的自我职业生涯管理及其职业价值观进行调研和分析。

（一）研究工具

1. 知识女性自我职业生涯管理问卷

通过参考国内外自我职业生涯管理与女性职业发展的相关研究，结合开放性问卷收集到的资料，针对知识女性的心理需求和发展特点，经专家组论证，自编知识女性自我职业生涯管理的调查问卷。

问卷由 30 个题目组成①，题目按照随机顺序排列，共分为五个维度：职业选择、学习深造、婚恋生育、成功探索、工作家庭平衡。所有题目均采用 Likert 5 点量表式回答方式（计分方法：完全不符合计为 1 分，不太符合计为 2 分，不能确定计为 3 分，比较符合计为 4 分，完全符合计为 5 分）。另外，在问题的问法上，题目分为正向题（得分高则说明在工作方

---

①　问卷见附录 1-3，其中带＊的为反向题。

面有较大的投入，在进行自我职业生涯管理方面有自己的主张和见解）和反向题（得分高则说明自我职业生涯管理比较保守，以保持家庭稳定为主、事业为辅）。由于问卷中问题涉及的年龄跨度比较大，被调查者或许并不是恰好处于问题中所说的阶段，因此在指导语中要求作答者根据实际情况对自己一生的发展进行展望或回顾。

2. 职业价值观量表

本章采用由 Super 编制、黄希庭教授等修订的职业价值观量表（Work Value Inventory）（见附录 1-3），对知识女性的职业价值观进行调查。该量表共由 60 个题目组成，分为 15 个维度，包括利他主义、独立性、创造性、智力激发、美感、成就、管理、工作环境、同事关系、监督关系（领导关系）、变动性、安全性、声誉、经济报酬、生活方式，每个维度包括 4 个问题。该量表同样是采用 5 点计分法：极不重要计 1 分，不重要计 2 分，不能确定计 3 分，重要计 4 分，极重要计 5 分。

（二）问卷的信度与效度

1. 问卷的信度

我们采用克隆巴赫 α 系数对自编问卷的总体及各维度的内部一致性信度进行检验。检验结果显示：知识女性自我职业生涯管理问卷总体的 α 系数为 0.8418，职业选择、学习深造、婚恋生育、成功探索、工作家庭平衡这五个维度的 α 系数分别为 0.8745、0.8688、0.7925、0.8019、0.8269，表明本问卷的一致性信度较高，测量结果是可靠的。

2. 效度的控制

首先，在研究的设计阶段，大量阅读文献并征求专家意见，且通过预调查对问卷进行修改和完善。设计时尤其注意语句表达的通俗、明了，以避免晦涩难懂的词句影响调查对象对题目的理解。设计完成后，邀请了富有问卷编制经验的专家用逻辑推理的方式对问卷进行判断，确定测量项目与所需测量的内容范畴之间关系的密切程度，结合测量的构思、内部结构等方面对其进行评价。专家认为，所设计问卷切合理论及我国知识女性的实际情况，具有较高的效度。

其次，在研究的实施阶段，由专家组成员对施测人员进行了细致的培训，统一了调查标准，使其掌握调查目的、问卷结构、每项内容的含义、填答注意事项、操作程序、与调查对象交谈的技巧和现场环境控制技巧等。结束调查工作前由施测人员逐份检查并剔除不合格的问卷。

最后，数据录入时，研究人员逐份检查调查问卷，采取双录入，及时更正录入错误。通过计算机逻辑查错程序，利用频数分布查错，对可疑资料重新核对原始调查问卷，纠正录入错误。

（三）被试

根据本书对知识女性的界定，研究者在三个不同的地市选取了涵盖教师、医护人员、公务员、公司职员、大学生等各种身份和职业，年龄在18—55岁的知识女性（研究对象的具体特征见表3-1）。

表3-1　样本分布情况

特征分组		人数	比重（%）
年龄	20岁及以下	81	18.7
	21—25岁	156	36.0
	26—35岁	117	27.0
	36—45岁	66	15.3
	45岁以上	13	3.0
婚否	否	238	55.0
	是	195	45.0
有无子女	有	153	35.3
	无	280	64.7
职称/职务	初级（或职员）	309	71.3
	中级（或科级）	99	22.9
	高级（或处级）	25	5.8
职业	教师	108	24.9
	医护人员	67	15.5
	公务员	18	4.1
	公司职员	33	7.6
	学生	173	40.0
	其他	34	7.9
学历	专科	135	31.2
	本科	277	64.0
	硕士	18	4.2
	博士	3	0.6

三 调查过程

(一) 开放性问卷

在目标群体中，发放开放性问卷150份，以便了解知识女性对职业生涯管理、职业发展的理解和看法，以及她们普遍关注的重点问题，收集第一手材料，并在此基础上，编制正式问卷。

(二) 预测

利用自编问卷对250名被试进行第一轮测试，根据统计结果并参考被试的反馈意见，对问卷进行了修订：修改了表述不清、晦涩难懂的项目，采用日常习惯用语；对含有多重问题的项目进行了分解，合并了含义交叉重叠的项目。

(三) 施测人员培训

在正式调查之前对施测人员进行了培训。培训内容为活动的目的、意义，调查方法，以及现场调查的注意事项等。采取参与式的培训方法，使施测人员充分了解问卷的内容，掌握问卷调查的基本技能。这样，确保了所收集信息的准确性与完整性。同时，施测人员人手一份“问卷调查指南”（见附录1-2），对其在问卷调查过程中的具体操作进行规范。

(四) 正式施测

在正式施测的过程中，遵循随机抽样的原则，对研究对象进行了问卷调查。研究者本人和经过培训的施测人员共发放问卷500份，回收有效问卷433份，有效率为86.6%。

第二节 知识女性自我职业生涯管理状况的统计分析

为了更加清晰地了解知识女性的自我职业生涯管理状况，分析不同人口学变量的知识女性的自我职业生涯管理水平之间的差异，我们对调查数据进行统计分析。在统计分析过程中，我们使用Excel 2010做逻辑检错并建立数据库，采用SPSS19.0 For Windows对数据进行差异分析、相关分析和回归分析。

在这一部分，我们将对不同背景的知识女性自我职业生涯管理的总体状况及五个维度的差异进行比较。在本次量化研究中，人口学变量主要包括年龄、婚否、有无子女、职业、职称（或职务）及学历六个方面。我们对人口学变量采用独立样本 t 检验或单因素方差分析，若三个以上变量存在显著相关，则在下文中进一步采用 LSD 最小显著差法和 Tamhane's T2 检验对其进行均数的多重比较分析。

一 不同年龄段的知识女性自我职业生涯管理的状况分析

我们在 White① 理论的基础上，结合我国女性的心理发展特点，将研究对象的年龄分为五组，分属于不同的发展阶段。20 岁及以下组的知识女性尚未走出大学校门，处于为职业发展打基础的探索期；21—25 岁的知识女性进入了职业生涯的成长期，无论是走出校门还是选择继续深造，都面临着人生的重大转折；26—35 岁，给自己更准确地定位，对选定的职业及工作环境逐渐适应，确立职业发展的目标和方向，处于稳定期；36—45 岁，沿着规划好的职业路径展开各项工作与活动，职业发展进入了成熟期；45 岁以后，进入职业生涯的维持期，保持既得成果并努力加以提高。

不同年龄的知识女性自我职业生涯管理的差异比较见表 3-2 和图 3-1。

表 3-2 知识女性自我职业生涯管理的年龄差异比较（M±SD）

	20 岁及以下	21—25 岁	26—35 岁	36—45 岁	45 岁以上	F
职业选择	3. 922±0. 439	3. 739±0. 499	3. 701±0. 479	3. 641±0. 433	3. 702±0. 399	3. 994 **
学习深造	3. 080±0. 502	3. 066±0. 481	2. 860±0. 479	2. 715±0. 409	2. 750±0. 325	9. 905 **
婚恋生育	3. 315±0. 565	3. 190±0. 536	2. 956±0. 522	3. 058±0. 456	3. 250±0. 456	7. 175 **
成功探索	3. 667±0. 457	3. 483±0. 482	3. 286±0. 503	3. 253±0. 448	3. 119±0. 366	12. 178 **
工作家庭平衡	3. 790±0. 458	3. 707±0. 445	3. 719±0. 428	3. 730±0. 431	3. 786±0. 330	0. 566
总体状况	3. 555±0. 305	3. 437±0. 302	3. 304±0. 288	3. 279±0. 253	3. 321±0. 184	13. 169 **

注：* 表示 $p<0.05$，** 表示 $p<0.01$，下同。

由表 3-2 可知，不同年龄的知识女性，其自我职业生涯管理的总体状况差异达到了极其显著的水平（$p<0.01$）。就各维度而言，她们在职业选择、学习深造、婚恋生育、成功探索方面的差异均达到极其显著的水平

① White（1995）认为，女性在一生中要依次经历探索期、成长期、稳定期、成熟期、维持期等职业发展阶段。见 White，B.，"The Career Development of Successful Women"，*Women in Management Review*，No. 3，1995。

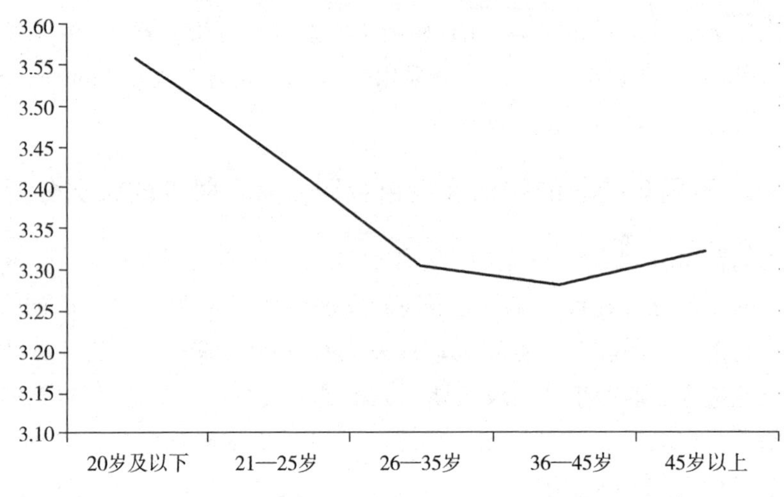

图 3-1 不同年龄段知识女性的自我职业生涯管理情况

(p<0. 01)，而在工作家庭平衡方面的差异并不显著。

进一步采用 LSD 最小显著法和 Tamhane's T2 检验，发现就自我职业生涯管理的总体状况而言，20 岁及以下组的知识女性与其他四个年龄组的差异均达到极其显著的水平（p<0. 01)，21—25 岁组与 26—35 岁组、36—45 岁组也存在极其显著的差异（p<0. 01)。在职业选择方面，20 岁及以下的知识女性与 26—35 岁组、36—45 岁组的差异均达到极其显著的水平（p<0. 01)；在学习深造方面，20 岁及以下组、21—25 岁组都分别与 26—35 岁、36—45 岁的知识女性存在极其显著的差异（p<0. 01)，45 岁以上的知识女性与 20 岁及以下组、21—25 岁组的差异均达到显著水平(p<0. 05)，26—35 岁组与 36—45 岁组的知识女性也存在显著差异（p<0. 05)；在婚恋生育方面，20 岁及以下组的知识女性与 26—35 岁组、36—45 岁组的知识女性的差异极其显著（p<0. 01)，26—35 岁组与 45 岁以上组的知识女性也存在显著差异（p<0. 05)；在成功探索方面，20 岁及以下组与其他 4 个年龄组的知识女性均存在极其显著的差异（p<0. 01)，21—25 岁组也分别与 26—35 岁、36—45 岁、45 岁以上的知识女性差异极其显著（p<0. 01)。

总体来说，20 岁及以下组和 21—25 岁组的知识女性在自我职业生涯管理的调查中得分较高，显著高于其他年龄组的知识女性。这在一定程度上表明，年轻的知识女性（25 周岁以下）在自我职业生涯管理的过程中，在职业选择上更加倾向于打破男女有别的职业选择观，期望与男性拥有平等的就业机会；在学习深造方面，年轻的知识女性为了自我职业生涯发展会在工作过程中更加积极地选择学习深造；在婚恋生育方面，年轻的知识女性会对婚恋与生育对自我生涯管理的影响进行了比较充分的考量，并有可能把职业生涯管理放在比婚恋生育更加重要的位置上；在成功探索方面，年轻的知识女性期望在职业发展过程中与男性拥有平等的晋升机会，平等担任领导岗位，她们还认为随着年龄的增长，增长自我智慧、提高自我人格魅力比高薪更加重要。结合以上四个方面可以看出，年轻的知识女性在自我职业生涯管理的过程中，在追求男女平等的就业和晋升机会方面表现得更加积极，更加倾向于选择学习深造，更加倾向于选择把自我职业管理放在与婚恋生育同等重要的位置。不过值得一提的是，不管对于年轻的知识女性还是其他年龄组的知识女性来说，她们在自我职业生涯管理的过程中，都同等地看重工作家庭平衡，都把协调工作与家庭之间的平衡、家庭和睦和夫妻共同成功看作自我职业生涯管理中的一项重要的组成部分。

二　未婚与已婚的知识女性自我职业生涯管理的差异分析

未婚和已婚的知识女性自我职业生涯管理的差异比较见表 3-3。

表 3-3　知识女性自我职业生涯管理的婚姻状况差异比较（M±SD）

	未婚	已婚	t	p
职业选择	3. 780±0. 492	3. 703±0. 455	1. 720	0. 086
学习深造	3. 078±0. 478	2. 787±0. 454	6. 593**	<0. 01
婚恋生育	3. 213±0. 551	3. 021±0. 505	3. 811**	<0. 01
成功探索	3. 551±0. 485	3. 245±0. 465	6. 800**	<0. 01
工作家庭平衡	3. 230±0. 497	2. 957±0. 485	5. 735**	<0. 01
总体状况	3. 470±0. 312	3. 298±0. 265	6. 328**	<0. 01

由表 3-3 可知，未婚和已婚的知识女性，其自我职业生涯管理总体状况的差异达到极其显著的水平（p<0. 01）。就各维度而言，她们在学习深造、婚恋生育、成功探索、工作家庭平衡方面的差异均达到极其显著的水平（p<0. 01），而在职业选择方面的差异不显著。

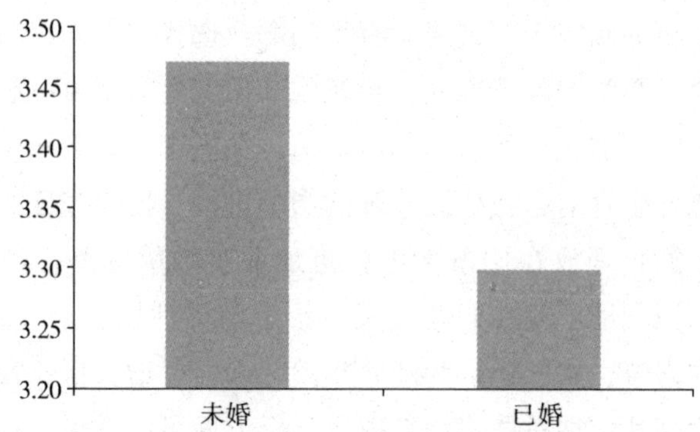

图 3-2 未婚与已婚的知识女性自我职业生涯管理的差异比较

从表 3-3 和图 3-2 可以看出，相对于已婚的知识女性，未婚的知识女性在自我职业生涯管理的过程中更加倾向于追求男女平等的就业机会，更加乐于选择学习深造，更加积极地追求职业晋升机会，她们对婚恋生育对自我生涯管理的影响，虽然已经进行了一定的考虑，但是并没有把它作为影响自我职业生涯管理的一项非常重要的因素，只是将其作为一项普通的影响因素；而对于已婚的知识女性来说，她们充分地考虑了婚恋生育对自我生涯管理的影响，而且在婚恋生育的影响下，她们在自我职业生涯管理上的得分显著低于未婚的知识女性。

三 暂无子女与已育子女的知识女性自我职业生涯管理的差异分析

暂无子女和已育子女的知识女性自我职业生涯管理的差异比较见表 3-4。

表 3-4 知识女性自我职业生涯管理的子女差异比较（M±SD）

	暂无子女	已育子女	t	p
职业选择	3. 418±0. 708	3. 350±0. 630	1. 007	0. 314
学习深造	3. 045±0. 479	2. 767±0. 456	6. 011 **	<0. 01
婚恋生育	3. 191±0. 541	3. 007±0. 514	3. 516 **	<0. 01
成功探索	3. 521±0. 485	3. 216±0. 464	6. 497 **	<0. 01
工作家庭平衡	3. 206±0. 500	2. 924±0. 477	5. 706 **	<0. 01
总体状况	3. 455±0. 304	3. 278±0. 271	6. 139 **	<0. 01

从表 3-4 中我们可以看出，暂无子女和已育子女的知识女性，其自我职业生涯管理总体状况的差异达到了极其显著的水平（p<0. 01）。就各维度而言，她们在学习深造、婚恋生育、成功探索、工作家庭平衡方面的差异极其显著（p<0. 01），但在职业选择方面的差异未达到显著水平。

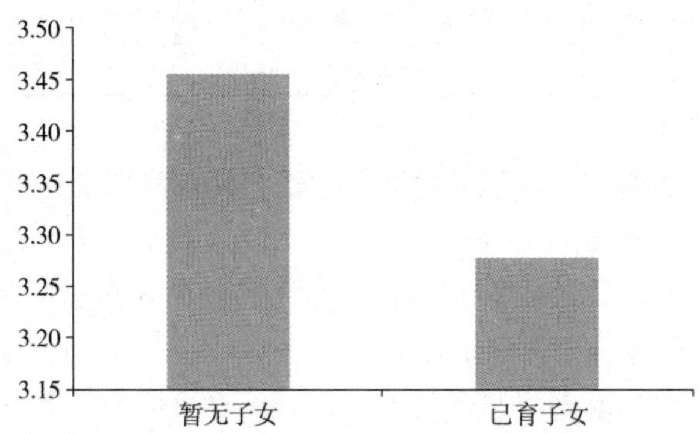

图 3-3 暂无子女与已育子女的知识女性自我职业生涯管理的差异比较

从表 3-4 和图 3-3 可以看出，相对于暂无子女的知识女性，已育子女的知识女性在家庭和养育孩子的影响下，在自我职业生涯管理上的得分显著较低。这在一定程度上表明，由于受到养育子女的影响，已婚的知识女性在学习深造、追求职业成功、婚恋和家庭方面的观念与想法在逐步地发生变化，这些变化在很大程度上影响了她们的自我职业生涯管理，她们逐步变得把照顾家庭和养育子女放在比职业发展更加重要的位置，对自我职业生涯管理投入的时间和精力相对不足，体现出以家庭和孩子为主，职业发展、事业发展则暂时放在次要位置的状况。

四 不同职业的知识女性自我职业生涯管理的差异分析

接受问卷调查的知识女性从事的职业包括教师、医护人员、公务员、公司职员、学生及其他。不同职业的知识女性自我职业生涯管理的差异比较见表 3-5。

表 3-5 知识女性自我职业生涯管理的职业差异比较（M±SD）

	教师	医护人员	公务员	公司职员	学生	其他	F
职业选择	3. 718±0. 502	3. 689±0. 476	3. 593±0. 421	3. 889±0. 520	3. 814±0. 457	3. 554±0. 386	3. 151 **

续表

	教师	医护人员	公务员	公司职员	学生	其他	F
学习深造	2.870±0.523	2.820±0.422	2.667±0.392	3.010±0.421	3.101±0.473	2.789±0.468	7.551 **
婚恋生育	3.080±0.558	3.057±0.480	3.194±0.603	3.081±0.685	3.213±0.524	3.005±0.427	1.787
成功探索	3.342±0.445	3.252±0.486	3.380±0.419	3.470±0.590	3.563±0.498	3.216±0.460	6.724 **
工作家庭平衡	3.764±0.479	3.739±0.374	3.796±0.364	3.747±0.453	3.717±0.434	3.627±0.461	0.641
总体状况	3.355±0.300	3.311±0.276	3.326±0.284	3.439±0.325	3.482±0.305	3.238±0.228	6.915 **

由表3-5可知，不同职业的知识女性，其自我职业生涯管理总体状况的差异极其显著（$p<0.01$）。就各维度而言，她们在职业选择、学习深造、成功探索方面的差异极其显著（$p<0.01$），而在婚恋生育、工作家庭平衡两个方面的差异未达到显著水平。

进一步采用LSD最小显著法和Tamhane's T2检验，发现就自我职业生涯管理的总体状况而言，教师、医护人员、其他职业的知识女性分别与学生存在极其显著的差异（$p<0.01$），公务员与学生、公司职员与医护人员的差异也达到了显著水平（$p<0.05$）；在职业选择方面，公司职员分别与医护人员、公务员差异显著（$p<0.05$），其他职业与公司职员、学生的差异达到了极其显著的水平（$p<0.01$）；在学习深造方面，教师、医护人员、公务员、其他职业的知识女性都与学生存在极其显著的差异（$p<0.01$），公司职员与公务员的差异也达到显著水平（$p<0.05$）；在成功探索方面，教师、医护人员和其他职业的知识女性与学生的差异都极其显著（$p<0.01$），公司职员与医护人员的差异也达到了显著水平（$p<0.05$）。

五 不同职称/职务的知识女性自我职业生涯管理的差异分析

职称/职务一项，在最初编制问卷时曾定为职称，但是在预测的过程中，发现一些知识女性有职务而没有职称，因此将该项改为“职称/职务”。考虑到不同行业、不同领域对职称、职务的等级划分并不统一，为了在调查中能适合更广泛的人群，特将职称和职务都粗分为三个等级（职称：初级、中级和高级；职务：职员、科级和处级），由研究对象根据自己的情况进行相应勾选。不同职称/职务的知识女性自我职业生涯管理的差异比较见表3-6。

表 3-6　知识女性自我职业生涯管理的职称/职务差异比较（M±SD）

	初级	中级	高级	F
职业选择	3.760±0.487	3.715±0.439	3.680±0.507	0.592
学习深造	3.021±0.495	2.752±0.436	2.820±0.376	13.691**
婚恋生育	3.149±0.602	3.071±0.557	2.963±0.589	2.818
成功探索	3.480±0.514	3.288±0.394	3.080±0.484	12.392**
工作家庭平衡	3.727±0.448	3.767±0.414	3.640±0.381	0.925
总体状况	3.432±0.315	3.312±0.240	3.231±0.288	3.572*

由表 3-6 可知，不同职称/职务的知识女性，其自我职业生涯管理总体状况的差异达到了显著水平（$p<0.05$）。就各维度而言，她们在学习深造、成功探索两方面的差异极其显著（$p<0.01$），而在职业选择、婚恋生育、工作家庭平衡三个方面的差异均未达到显著水平。

进一步采用 LSD 最小显著法和 Tamhane's T2 检验，发现就自我职业生涯管理的总体而言，有初级职称/职务的知识女性分别与有中级、高级职称/职务的知识女性存在显著差异（$p<0.05$）；在学习深造方面，有初级职称/职务的与有中级职称/职务的差异极其显著（$p<0.01$），与高级的差异达到显著水平（$p<0.05$）；在成功探索方面，有初级职称/职务的与有中级、高级职称/职务的差异均达到了极其显著的水平（$p<0.01$）。

六　不同学历知识女性自我职业生涯管理的差异分析

我们的研究对象是具有大专及以上学历的女性，因此将学历分为大学专科（以下简称专科）、大学本科（以下简称本科）、研究生（包括硕士和博士研究生）三类。不同学历知识女性自我职业生涯管理的差异比较见表 3-7。

表 3-7　知识女性自我职业生涯管理的学历差异比较（M±SD）

	专科	本科	研究生	F
职业选择	3.712±0.454	3.764±0.492	3.738±0.436	0.536
学习深造	3.033±0.485	3.131±0.518	3.267±0.507	2.791
婚恋生育	2.985±0.537	3.071±0.600	2.762±0.484	3.402*
成功探索	2.921±0.405	3.026±0.442	2.929±0.314	2.976
工作家庭平衡	3.764±0.458	3.873±0.443	3.780±0.344	2.925
总体状况	3.333±0.284	3.425±0.314	3.346±0.269	4.384*

由表 3-7 可知，不同学历的知识女性，其自我职业生涯管理总体状况的差异达到了显著水平（$p<0.05$）。就各维度而言，她们在婚恋生育方面的差异显著（$p<0.05$），而在职业选择、学习深造、成功探索和工作家庭平衡四个方面不存在显著的差异。

进一步采用 LSD 最小显著法和 Tamhane's T2 检验，发现就自我职业生涯管理的总体而言，本科学历与专科学历的知识女性均存在显著的差异（$p<0.05$），本科学历的知识女性在自我职业生涯规划方面的得分显著高于专科学历的知识女性；在婚恋生育方面，本科学历与研究生学历的知识女性之间存在显著差异，本科学历的知识女性得分显著高于研究生学历的知识女性。

第三节　知识女性的职业价值观与自我职业生涯管理的关系分析

职业价值观是个体在职业选择时表现出的一种价值取向①，它是个人对待职业的一种信念，并为职业选择、努力实现工作目标提供充分的理由②。美国著名心理学家 Super 通过实证研究发现，职业价值观可以分为内在职业价值观、外在职业价值观和外在报酬价值观三类。③

为对知识女性的职业价值观进行调查研究，本书使用 Super 编制、黄希庭教授等修订的职业价值观量表作为调查问卷（见附录 1-3）。本次调查研究与知识女性自我职业生涯管理调查研究合并在一起进行，被试选取以及调查过程控制与“知识女性自我职业生涯管理调查”一致，严格选拔和培训调查员，调查研究的过程控制严格按照社会科学研究中问卷调查法的要求进行，统一问卷调查的指导语，选择在安静和不受打扰的环境中进行调查研究，告知被试本次调查的目的，要求被试按照自己的真实情况作答问卷，保证问卷调查数据的客观性和真实性。

---

① Schwartz, S. H., “A Theory of Cultural Values and Some Implications for Work”, *Applied Psychology: An International Review*, Vol. 48, No. 1, 1999, p. 23.

② 余华、黄希庭：《大学生与内地企业员工职业价值观的比较研究》，《心理科学》2000 年第 6 期。

③ Super, D. E., *Work Value Inventory*, Boston: Houghton Mifflin, 1970.

探讨知识女性的职业价值观，对于了解其自我职业生涯管理具有重要的意义。这是因为，只有对知识女性的职业价值观有了一定了解之后，我们才能够知晓知识女性在自我职业生涯管理的过程中如何进行职业选择，以及她们对于职业晋升、薪资待遇、工作环境、同事关系的态度，并了解这些态度又如何影响她们的职业生涯管理。

为了更深入地了解知识女性的职业价值观水平以及对其职业生涯管理的影响效果，我们首先对不同人口学变量的知识女性的职业价值观状况进行统计分析，然后通过相关分析的方法探讨职业价值观与职业生涯管理之间的关系，最后通过逐步回归分析的方法探讨职业价值观对职业自我管理的影响效果。

一　不同人口学变量的知识女性职业价值观的状况分析

（一）不同年龄阶段的知识女性职业价值观的对比分析

从表 3-8 和图 3-4 中可以看出，在内部职业价值观方面，20 岁及以下、21—25 岁、26—35 岁、36—45 岁和 45 岁以上年龄组的知识女性的内部职业价值观之间存在显著的差异，在智力激发、创造性、成就取向、管理取向和追求美感五个维度上也存在显著的差异，而在利他主义和独立性维度上不存在显著的差异。研究结果表明，越是年轻的知识女性，在内部职业价值观方面，对于自己所从事的职业，她们越重视这份职业是否能够发挥自己的智慧和提供工作的新颖性、是否能够发挥自己的艺术能力、是否能够发挥自己的创造力，越重视这份职业是否能够促使自己取得更高的业绩，发挥自我专长，并越重视这份职业是否能够培养自己的管理能力、增强自己的组织能力和促进自我社交能力的提高。随着年龄的增加，知识女性对于上述几个方面的内部职业价值观的重视程度逐步下降。此外，不同年龄组的知识女性在利他主义和独立性两个维度上的得分不存在显著的差异。结果表明，不管对于年轻的知识女性还是年龄较大的知识女性来说，她们对于自己所从事的工作“能否给他人带来幸福，能否有益于社会和他人”等方面的因素都是同等重视；她们对于自己所从事的工作“能否在工作中坚持自己的想法，能否独当一面，能否自由安排自己的工作时间”等方面的因素的重视程度也是相当的。

表 3-8 不同年龄阶段的知识女性职业价值观的对比分析

	20 岁及以下	21—25 岁	26—35 岁	36—45 岁	45 岁以上	F
内部价值观	4. 066±0. 462	3. 896±0. 430	3. 759±0. 427	3. 742±0. 399	3. 755±0. 389	7. 964**
智力激发	3. 812±0. 626	3. 766±0. 613	3. 588±0. 591	3. 549±0. 613	3. 558±0. 469	3. 310*
创造性	4. 127±0. 644	3. 925±0. 613	3. 701±0. 707	3. 670±0. 496	3. 596±0. 658	7. 916**
成就	4. 389±0. 456	4. 215±0. 484	4. 179±0. 526	4. 110±0. 477	4. 135±0. 348	3. 595**
管理	3. 775±0. 743	3. 534±0. 671	3. 205±0. 726	3. 348±0. 695	3. 231±0. 857	8. 914**
美感	4. 157±0. 555	3. 926±0. 535	3. 780±0. 600	3. 670±0. 605	3. 846±0. 361	8. 344**
外部价值观	3. 910±0. 443	3. 817±0. 449	3. 804±0. 405	3. 816±0. 422	3. 827±0. 368	0. 867
同事关系	4. 321±0. 508	4. 143±0. 540	4. 130±0. 501	4. 114±0. 483	3. 981±0. 374	2. 683*
外部报酬	4. 085±0. 434	3. 989±0. 398	3. 932±0. 388	3. 920±0. 468	3. 928±0. 433	2. 116
经济报酬	3. 978±0. 565	3. 909±0. 560	3. 684±0. 540	3. 640±0. 747	3. 500±0. 729	6. 274**
生活方式	4. 534±0. 395	4. 314±0. 505	4. 207±0. 471	4. 034±0. 588	4. 000±0. 500	11. 423**
安全性	3. 725±0. 693	3. 744±0. 659	3. 959±0. 574	4. 163±0. 533	4. 327±0. 426	8. 744**
声誉	4. 102±0. 590	3. 990±0. 557	3. 876±0. 522	3. 841±0. 583	3. 885±0. 574	2. 879*

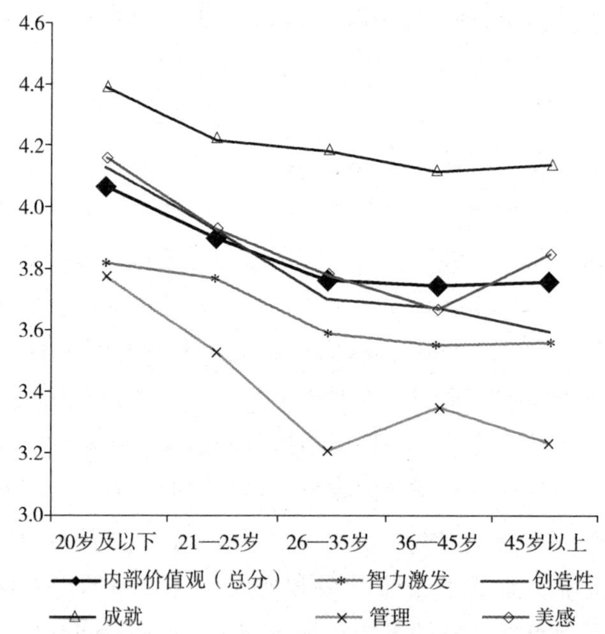

图 3-4 不同年龄阶段的知识女性的内部职业价值观水平分析

从表 3-8 和图 3-5 可以看出，在外部职业价值观方面，年龄越小的知识女性，对于工作过程中的同事关系越为重视，越看重自己所从事的工作是否能够提供一个良好的同事关系氛围。对于为什么年龄较大的知识女性在职业价值观中对于同事关系的重视程度没有年轻知识女性的重视程度高，原因可能是多方面的：一方面，也许是随着年龄的提高，知识女性在应对同事关系方面的能力也逐步提高；另一方面，可能是随着工作时间的增长，高年龄组的知识女性与周围同事相处的时间也相对较长，同事之间的了解程度加深，这种熟悉感对于增进同事关系的影响是积极的。

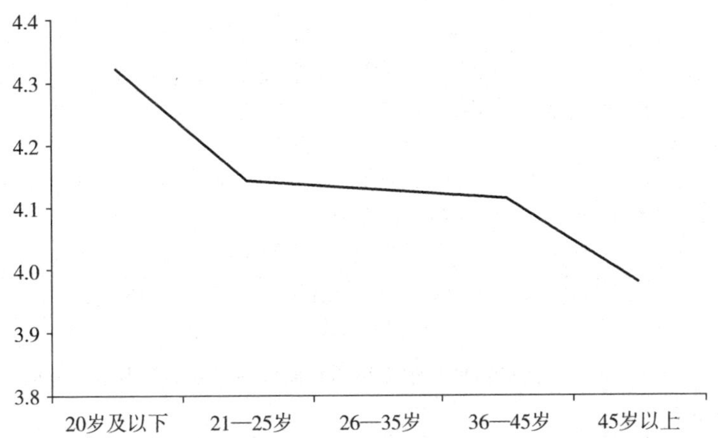

图 3-5　不同年龄阶段的知识女性对“同事关系”的重视程度分析

从表 3-8 和图 3-6 可以看出，在外部报酬职业价值观总分方面，不同年龄组的知识女性的得分之间不存在显著的差异，但是在经济报酬、生活方式、安全性和声誉四个维度上，不同年龄组的知识女性之间存在显著的差异，具体表现在以下两个方面：①年轻的知识女性在经济报酬、生活方式和声誉方面的价值观得分显著高于年龄较大的知识女性。②年轻的知识女性在安全性方面的价值观得分显著低于年龄较大的知识女性。研究结果表明，年轻的知识女性在外部报酬价值观方面，更加重视自己所从事的工作能否提供丰厚的经济收入、是否能够提供晋升的机会和管理岗位，更加重视这份职业能否为自己创造一种快乐的生活方式、能否使自己成为自己所想成为的人、能否协助自己下班后从事自己喜欢的业余活动，更加重视这份职业能否为自己带来好评、赢得他人尊敬和成为工作中的权威。研究结果还表明，相对于高年龄组的知识女性，年轻的知识女性对于自己所从事的职业是否能够提供更多的职业保障，减少失业，增加退休后的职业保障的重视程度相对不高，显著低于高年龄组的知识女性。

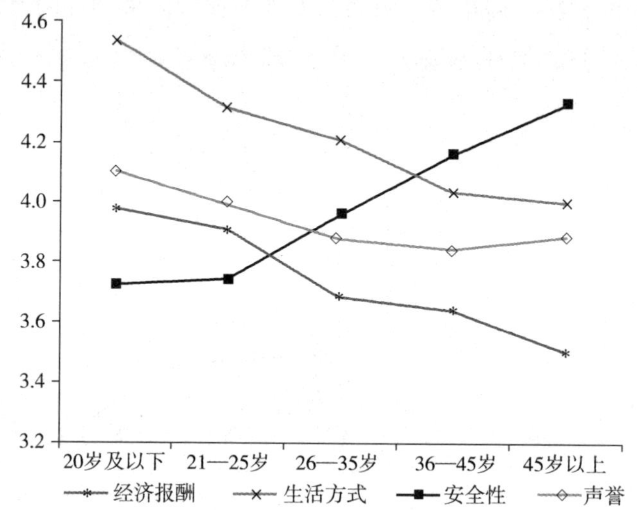

图 3-6　不同年龄阶段的知识女性的外部报酬职业价值观水平分析

（二）未婚与已婚的知识女性职业价值观的差异比较

从表 3-9 可以看出，未婚与已婚的知识女性在内部职业价值观总分上存在显著的差异（$p<0.01$），在内部价值观的智力激发、创造性、成就取向、管理取向和追求美感五个维度上也存在显著的差异（$p<0.01$），而在利他主义和独立性维度上不存在显著的差异（$p>0.05$）。研究结果表明，相对于已婚的知识女性，未婚的知识女性对于自己所从事的职业是否能够满足和实现自己在激发智力、发挥创造性、追求美感与艺术、担任管理者角色等方面的价值观需求更为重视。也就是说，未婚的知识女性对于自己工作中的上述几个方面的需求更为强烈，也更为重视，这些职业价值观需求会影响她们的职业选择，影响她们的工作满意度，同时也会影响她们的自我职业生涯管理。

表 3-9　　未婚与已婚的知识女性职业价值观的对比分析

	未婚	已婚	t	p
内部价值观	3. 938±0. 450	3. 772±0. 419	3. 938	<0. 01
智力激发	3. 763±0. 630	3. 595±0. 579	2. 859	<0. 01
创造性	3. 979±0. 646	3. 700±0. 626	4. 533	<0. 01
成就	4. 282±0. 470	4. 144±0. 509	2. 926	<0. 01
管理	3. 560±0. 740	3. 322±0. 709	3. 394	<0. 01
美感	3. 993±0. 556	3. 762±0. 591	4. 182	<0. 01
外部价值观	3. 829±0. 437	3. 833±0. 422	−0. 097	0. 923
监督关系	3. 911±0. 640	4. 088±0. 662	−2. 831	0. 005
外部报酬	4. 005±0. 404	3. 947±0. 430	1. 446	0. 149
经济报酬	3. 920±0. 551	3. 671±0. 646	4. 342	<0. 01
生活方式	4. 396±0. 471	4. 126±0. 527	5. 633	<0. 01
安全性	3. 702±0. 680	4. 097±0. 516	−6. 879	<0. 01
声誉	4. 003±0. 567	3. 895±0. 555	1. 996	0. 047

从表 3-9 可以看出，未婚与已婚的知识女性在外部报酬价值观总分上的得分不存在显著的差异（$p>0.05$），但是在外部报酬价值观的经济报酬和生活方式两个维度上存在非常显著的差异（$p<0.01$），在声誉维度上存在显著的差异（$p<0.05$）。研究结果表明，在外部报酬价值观方面，相对于已婚的知识女性，未婚的知识女性对于自己所从事的工作，更加重视以下几个方面：①更加重视自己所从事的这份职业能否提供令人满意的薪酬，是否有足够的晋升的机会；②更加重视这份职业提供的工作氛围是不是轻松、愉快和合作的，重视这份工作能否实现自己的职业理想；③更加重视这份职业是否给自己带来更高的社会认可、赢得他人的尊敬和成为工作中的权威。

但是，从表 3-9 可以看出，已婚的知识女性在监督关系（外部价值观）和安全性（外部报酬价值观）上的得分显著地高于未婚的知识女性（$p<0.01$）。研究结果表明，相对于未婚的知识女性，已婚的知识女性对以下两个方面比较重视：①更加重视在工作过程中是否有一位公正、可靠和能够倾听下属建议的好领导；②在工作保障方面，更加重视自己所从事的工作是不是一份稳定的职业，能否提供良好的生活和经济保障，重视退

休后的待遇和保障。

概括来说，在职业价值方面，未婚的知识女性更加重视自己所从事的工作是否能够提供有挑战性的工作机会，是否能够发挥自己的创造力和艺术能力，更加重视这份工作是否有助于自己取得更高的业绩和为自己提供良好的晋升机会，更加重视工作所带来的经济报酬和工作带来的声誉、社会认可度。但是，相对于已婚的知识女性，她们更加重视工作的社会保障、退休后的工资待遇，更加重视工作中是否有一位尊重和倾听下属意见的好上司。

（三）暂无子女（包括未婚）与已育子女的知识女性职业价值观的差异比较

从表3-10可以看出，在职业价值观方面，暂无子女（包括未婚）与已育子女的知识女性的差异，与未婚与已婚的知识女性的差异，基本一致。具体表现在如下几方面。①在内部价值观方面，在总分上存在显著的差异（$p<0.01$），在内部价值观的智力激发、创造性、成就取向、管理取向和追求美感五个维度上也存在显著的差异（$p<0.01$），而在利他主义和独立性两个维度上不存在显著差异（$p>0.05$）。②在外部价值观方面，暂无子女（包括未婚）对“在工作中，是否拥有一位公正、可靠和尊重下属的领导”的重视程度，显著低于已育子女的知识女性对之的重视程度，但是已育子女与暂无子女的知识女性在同事关系、工作环境和变动性三个维度上的得分不存在显著差异（$p>0.05$）。③在外部报酬职业价值观方面，在经济报酬、生活方式和声誉三个维度上存在非常显著的差异，暂无子女的知识女性的得分显著高于已育子女的知识女性的得分；在安全性维度上的得分也存在显著差异，已育子女的知识女性的得分显著高于暂无子女的知识女性的得分。

表3-10 暂无子女（包括未婚）与已育子女的知识女性职业价值观的对比分析

	暂无子女	已育子女	t	p
内部价值观	3.921±0.452	3.757±0.407	3.722	<0.01
智力激发	3.745±0.631	3.582±0.563	2.666	0.008
创造性	3.948±0.653	3.680±0.614	4.177	<0.01
成就	4.260±0.494	4.145±0.481	2.324	0.021
管理	3.556±0.735	3.263±0.699	4.037	<0.01

续表

	暂无子女	已育子女	t	p
美感	3.966±0.566	3.747±0.588	3.800	<0.01
外部价值观	3.831±0.440	3.832±0.411	−0.021	0.983
监督关系	3.937±0.653	4.090±0.651	−2.339	0.020
外部报酬	4.005±0.412	3.932±0.422	1.750	0.081
经济报酬	3.898±0.566	3.642±0.647	4.276	<0.01
生活方式	4.371±0.480	4.096±0.529	5.496	<0.01
安全性	3.743±0.668	4.131±0.504	−6.797	<0.01
声誉	4.007±0.558	3.858±0.563	2.654	0.008

二　知识女性的职业价值观对其自我职业生涯管理的影响效果分析

（一）知识女性的职业价值观与自我职业生涯管理的相关性分析

知识女性的职业价值观与其自我职业生涯管理之间是否存在关系？为了回答这个问题，我们首先采用相关分析方法，将本次调查的调查数据进行统计分析，探讨职业价值观与职业生涯管理之间的关系。

表3-11中的数据展示了知识女性的职业价值观与自我职业生涯管理之间的相关关系。总体来说，二者之间存在密切的关系，具体表现在以下几个方面。

表3-11　知识女性职业价值观与自我职业生涯管理的相关性分析

	职业选择	学习深造	婚恋生育	成功探索	工作家庭平衡	总体状况
智力激发	0.279**	0.065	0.278**	0.390**	0.291**	0.416**
创造性	0.270**	0.044	0.277**	0.342**	0.236**	0.372**
成就	0.328**	0.069	0.237**	0.357**	0.269**	0.402**
管理	0.254**	0.057	0.332**	0.255**	0.279**	0.381**
美感	0.350**	0.029	0.272**	0.389**	0.248**	0.410**
利他主义	0.250**	−0.044	0.165**	0.360**	0.199**	0.296**
独立性	0.334**	0.113*	0.225**	0.288**	0.248**	0.385**
同事关系	0.291**	0.049	0.158**	0.277**	0.178**	0.302**
监督关系	0.187**	−0.026	0.122**	0.123**	0.174**	0.192**

续表

	职业选择	学习深造	婚恋生育	成功探索	工作家庭平衡	总体状况
工作环境	0.201**	0.008	0.181**	0.111*	0.137**	0.207**
变动性	0.189**	-0.028	0.244**	0.226**	0.234**	0.283**
经济报酬	0.188**	0.146**	0.234**	0.087	0.214**	0.281**
生活方式	0.333**	0.106*	0.212**	0.344**	0.192**	0.372**
安全性	-0.030	-0.196**	0.053	-0.148**	0.095*	-0.052
声誉	0.295**	0.057	0.257**	0.212**	0.264**	0.352**

第一，职业价值观的 14 个维度智力激发、创造性、成就、管理、美感、利他主义、独立性、同事关系、监督关系、工作环境、变动性、经济报酬、生活方式和声誉与职业生涯管理总分以及职业生涯管理的四个维度职业选择、婚恋生育、成功探索和工作家庭平衡之间都存在显著的正相关关系，相关系数为 0.11—0.42。

第二，外部报酬价值观中的安全性维度与知识女性的职业生涯管理总分之间的相关关系不显著，与职业生涯规划中的学习深造和成功探索维度存在显著负相关（$p<0.01$）。

第三，职业生涯管理中的学习深造维度与职业价值观中的智力激发、创造性、成就、管理、美感、利他主义、同事关系、监督关系、工作环境、变动性和声誉 11 个维度之间不显著相关。

也就是说，除了职业价值观中的安全性维度和自我职业生涯管理中的学习深造维度，知识女性的职业价值观与自我职业生涯管理之间存在显著的正相关关系，二者间关系密切。职业价值观可能会对知识女性的自我职业生涯管理产生正向影响。

（二）知识女性的职业价值观对自我职业生涯管理影响效果的回归分析

通过相关分析，我们了解到知识女性职业价值观与其自我职业生涯管理之间存在密切的联系，那么，职业价值观的哪些方面对知识女性的自我职业生涯管理产生影响，其影响程度有多大呢？为了回答这个问题，我们采用逐步回归分析的方法，探讨职业价值观对自我职业生涯管理的影响效果。

1. 知识女性的内部职业价值观、外部职业价值观和外部报酬价值观对自我职生涯管理的影响效果分析

以知识女性的自我职业生涯规划（总分）为结果变量，分别以内部职业价值观、外部职业价值观和外部报酬价值观为预测变量进行逐步回归分析。结果见表 3-12。

表 3-12　内部职业价值观对知识女性自我生涯管理的逐步回归分析结果

预测变量	Beta	t	ΔR^2	F	p
内部职业价值观	0.509	12.283	0.258	150.863	<0.01

研究结果表明，只有内部职业价值观进入回归方程，模型显著（$p<0.01$），知识女性的内部职业价值观对其职业生涯规划具有显著的预测作用，它对职业生涯规划的预测力为 25.8%。

2. 职业价值观的 15 个维度（智力激发、创造性、工作环境、经济报酬等）对知识女性职业生涯管理的影响效果分析

为进一步探讨知识女性的职业价值观对自我职业生涯管理的影响，我们以职业价值观的 15 个维度为预测变量，以自我职业生涯管理的总体状况为结果变量，采用逐步回归分析法来分析它们之间的关系。结果见表 3-13。

表 3-13　职业价值观对知识女性自我职业生涯管理的逐步回归分析结果

预测变量	Beta	t	ΔR^2	F	p
智力激发	0.18	3.637	0.304	32.394	<0.01
声誉	0.13	2.338			
安全性	-0.20	-4.564			
成就	0.18	3.309			
管理	0.17	3.394			
独立性	0.13	2.520			

研究结果表明，智力激发、声誉、安全性、成就、管理、独立性六个维度逐步进入回归方程，模型显著（$p<0.01$），这六个维度对知识女性的职业生涯规划具有显著的预测作用，它们共同解释结果变量（职业生涯规划）中的 30.4%的变异量。

通过逐步回归分析的方法，本节探明了知识女性职业价值观对自我职业生涯管理具有良好的预测作用，尤其是内部职业价值观的预测力较强，此外，在外部报酬价值观中的声誉和安全性维度对知识女性的职业生涯管理也具有较强的预测力，其中安全性维度能够负向预测职业生涯管理水平。

第四节　知识女性自我职业生涯管理量化研究结果的讨论与分析

一　不同背景的知识女性自我职业生涯管理的差异分析

（一）年龄差异

总体来看，20 岁及以下、21—25 岁的知识女性表现比较突出，她们处在职业生涯发展的探索期或成长期，对未来的发展充满了期待，与其他年龄段相比，对自我职业生涯管理的关注程度较高，投入的精力也比较多。具体在职业选择、学习深造、成功探索三个方面，她们的得分均高于其他年龄段的知识女性。这与她们面临择业或刚刚就业有关，职业选择正是她们面临的现实任务，加之女性就业难问题带来的心理压力，使她们在该方面做更多的思考和努力；25 岁及以下的知识女性，精力充沛、求知欲强，也正是读书学习、储备知识的最佳时期，因此在学习深造方面优于其他年龄段；同时，她们作为即将或刚刚步入职场的新人，对职业发展充满了热情，跃跃欲试，在成功探索方面表现突出。其他各个年龄段的知识女性，在职业发展方面大都已经步入正轨，随着年龄的增长、阅历的加深，她们在自我职业生涯管理中需要考虑更多因素，如经济条件、家庭环境等，因此与 20 岁及以下、21—25 岁的知识女性相比，多了几分保守，但同时也多了理智和沉稳（如访谈对象 1）。在后面的访谈中我们还发现，45 岁以上的知识女性虽然到了职业生涯发展的后期，但她们对于学习深造仍然有自己独到的见解（如访谈对象 10）。

在婚恋生育方面，20 岁及以下的知识女性与 26—35 岁、36—45 岁的知识女性的差异均显著。她们年纪尚轻，对婚姻、生育还处在规划期。而 26—35 岁、36—45 岁的知识女性则已经真正进入恋爱、结婚、生育或抚养孩子的实质阶段，她们面临着许多实际的问题，在处理这些事务的过程中，心理发展得更加成熟，和20岁及以下的女性相比，她们的想法和做法更加具有现实意义。26—35岁与45岁以上的知识女性存在显著差异，也与她们所处的发展阶段有关。26—35岁的知识女性正处于结婚生子的年龄，面对诸如婚恋、生育的时间安排等具体问题（如访谈对象6、11、12和13），而45岁以上知识女性的子女大都已经长大成人，她们对婚恋生育方面的关注相对减少。而且，45岁以上的知识女性当年结婚生子时，与现在的年代、工作环境和制度不同，因而很多观念存在差异。

在工作家庭平衡方面，不同年龄组的知识女性不存在显著差异。通过后面的访谈我们了解到，虽然她们处在不同的职业生涯阶段，面临着各自的发展任务，但在促进职业发展的同时，追求家庭和谐稳定的心理需求是相似的，她们在进行职业生涯管理时都需要将工作和家庭的关系作为一个重要因素考虑在内。

（二）婚姻状况差异

从自我职业生涯管理的总体状况来讲，未婚知识女性比已婚者得分高，未婚知识女性在进行自我职业生涯管理时，因为尚未组成家庭而将精力更多地投入工作，对职业生涯有明确的设计和把握。在访谈中我们进一步了解到，已婚知识女性无论在学习深造还是在工作家庭平衡方面都需要在工作学习的同时兼顾家庭因素，如经济情况、配偶工作状况、因处理家务占用学习时间等，因此对事业方面的管理比未婚知识女性要少。在成功探索方面，未婚知识女性更倾向于以职业发展为导向，而已婚知识女性则更多地将家庭的幸福作为成功的标准（见访谈对象17和18）。在职业选择方面，未婚和已婚知识女性并不存在显著差异，她们对职业的选择大多是基于对自身能力水平与客观工作环境匹配程度的考量。在婚恋生育方面，未婚和已婚知识女性的处境不同、心理状态不同，处理问题的方式和观点也会存在差异。

（三）有无子女差异

总体来看，无子女的知识女性在职业生涯中更倾向于工作方面的管理，对家庭的顾虑较少。具体在学习深造、成功探索、工作家庭平衡方面，尚无子女和有子女的知识女性均差异显著。尚无子女的知识女性有更多的时间和精力参加各种学习活动或进行深造，丰富自身内涵，为职业发展积蓄力量，并做开创性的尝试和探索。有子女的知识女性的肩上多了一份做母亲的责任，她们在为家庭、为孩子付出的同时，职业角色也要求其承担工作中的任务。在工作家庭平衡方面，其得分明显低于尚无子女的知识女性，在现实压力下，有子女的知识女性需要改进职业生涯管理方式才能更好地平衡工作家庭。通过访谈我们了解到，尚无子女知识女性的得分高，并不是因为她们的工作家庭平衡情况优于有子女的知识女性，而是与她们无子女，在工作与家庭之间面对的问题少，双重角色冲突小有关。在职业选择方面，二者考虑的因素大多集中在自身能力、经济报酬、工作环境、发展前景等方面，因而差异不显著。对于婚恋生育，尚无子女和有子女的知识女性显然经历不同，她们从各自的人生经历和心理特点出发，在职业生涯管理时会有不同的观点和方式。

（四）职业差异

总体而言，学生与其他各职业的知识女性相比得分最高。在学习深造方面，学生本身还处在完成学业阶段，学习理应是她们生活的核心。而且，女大学生们还通过考证、考研等方式不断武装自己，用知识来弥补就业时的“性别劣势”（如访谈对象 6），增强自信心。在成功探索方面，她们尚未真正涉足职场，对未来的发展有较强的不确定感，因而借助于自我职业生涯管理为将来做规划、打基础。此外，公司职员与公务员、医护人员相比，由于面对更加激烈的竞争，工作的稳定性较差，因而更注重通过不断学习充电来保持自身竞争力，或通过深造来转换职业，改变生活方式（如访谈对象 8）。她们在成功探索方面也需要较多管理，以促进自身在企业内的晋升发展。对于职业选择，不同职业的知识女性差异显著。她们正是基于这种观点的差异，才会从事不同的职业。在婚恋生育方面，不同职业知识女性的差异并不显著，通过访谈我们了解到，无论何种职业的知识女性都会经历结婚生子的心路历程，在同一职业生涯发展阶段，面对相似的问题，她们的观点和做法却没有表现出明显的不同。在工作家庭平衡方面，不同职业知识女性的差异也未达到显著水平，她们都需要在工作与家庭之间寻找心理平衡点和有效的管理措施。

（五）职称/职务差异

就自我职业生涯管理的总体状况而言，不同职称（或职务）的知识女性差异显著。尤其在学习深造和成功探索两个方面，初级与中级、高级（或职员与科级、处级）相比得分较高。在访谈中，我们能深刻地感受到拥有初级职称（或职员）的知识女性对学习深造的重视程度，无论在职进修还是脱产学习都是其关注的重点。对她们而言，学习深造能够帮助她们提高学历、提升能力水平，是将职业生涯向前推进的有力手段。而拥有中级、高级职称（或科级、处级）的知识女性已取得一定成绩，发展状况趋于平稳，学习深造的动机相对减弱。在成功探索方面，初级职称（或职员）的得分最高，这可能是由于和中级、高级职称相比，她们与成功的距离较大，在这种职业发展带来的压力下，需要做出更多的努力和探索。

在职业选择、婚恋生育、工作家庭平衡三个方面，不同职称（或职务）的知识女性不存在显著差异。通过访谈我们了解到，无论职称（或职务）高低，在进行职业选择时都希望在自身需求和工作条件之间寻找契合点；作为女性，当她们同样处于结婚生子的阶段时，关注的重点也都是相似的。在我们的印象中，职称（或职务）越高意味着承担的责任越重，工作越繁忙，在工作和家庭之间似乎面临着越多的压力，但在调查中我们也了解到，职称（或职务）相对较低的知识女性由于面对较大的发展压力，她们需要付出更多的精力以提升在工作领域中的地位，因此，无论职称（或职务）高低，在工作中都面临着挑战，同时又承担着家庭的责任，在工作和家庭之间都需要进行平衡与协调。

（六）学历差异

总体而言，不同学历的知识女性在自我职业生涯管理方面的差异显著。具体来说，不同学历的知识女性在择业的过程中对工作环境、工作条件、工作性质等各方面的要求也有差异。不同学历的知识女性对学习、发展的认识程度不同。在婚恋生育方面，不同学历的知识女性对于婚恋生育的态度存在差异，对于婚恋生育对自身职业生涯规划的影响程度的评价也存在差异，在访谈中我们了解到，不同学历的知识女性在婚恋生育方面确实面临着各自的问题，如一些年轻女硕士、女博士的择偶问题（如访谈对象 11 和访谈对象 12），各种不同学历的知识女性面临事业与结婚生子的时间安排问题等（如访谈对象 6 和访谈对象 13）。在工作家庭平衡方面，不同学历的知识女性不存在显著差异，她们虽然学历不同，在生活中却同样处在工作和家庭的双重角色中，都需要运用生活的智慧促进职业与家庭的和谐。

二 知识女性的职业价值观与自我职业生涯管理关系的讨论分析

对职业价值观的测量，通常是通过先计算出个体在各维度上的分数，对它们排序后得到对各维度的重视程度而实现的。因此，职业价值观是指相比较而言，个体在这15个维度之中更重视什么。从总体来说，在职业价值观中，除了安全性维度，其余14个维度均与自我职业生涯管理显著正相关。那么，职业价值观中的哪些方面对知识女性的自我职业生涯管理具有预测作用，预测力有多强？通过逐步回归分析，我们研究发现，以内部职业价值观、外部职业价值观和外部报酬价值观为预测变量，以自我职业生涯管理为结果变量，只有内部职业价值观进入回归方程，预测效果显著，它可以独自解释自我职业生涯管理25.8%的变异量；如果以职业价值观的15个维度为预测变量，以自我职业生涯管理为结果变量，只有内部职业价值观中的智力激发、管理和独立性三个维度，以及外部报酬价值观中的声誉和安全性两个维度进入回归方程，它们共同解释自我职业生涯管理中的30.4%的变异量。从上述两个回归方程的分析结果来说，知识女性的职业价值观对自我职业生涯管理具有较好的预测效果，当我们了解了知识女性的职业价值观，就能够比较有效地预测其职业生涯管理水平。

概括来说，如果我们了解了某位知识女性在职业选择时对于该份职业"是否能够激发自己的智力，是否有助于提高自己的管理能力和组织能力，在工作中是否能够允许自己支配自己的工作，以及这份职业是否能够给自己带来良好的声誉和较高的社会评价水平"的重视程度，那么我们就能够很好地预测这位女性的职业生涯管理状况。如果这位知识女性对上述几个方面的重视程度很高，而对于"该份职业是不是一份非常稳定的工作，是不是国营企业"的重视程度不高，那么，我们能够从职业价值观的角度预测该女性在职业生涯管理过程中是一位以事业发展为主、追求男女平等、关注学习深造，在考虑婚恋生育的同时更加重视职业发展的知识女性；相反，若在职业价值观方面对智力激发、声誉、管理和独立性方面重视程度不高，而对于工作稳定性和工作保障的重视程度较高，则能够预测该女性在自我职业生涯管理过程中，更多地考虑"为了婚恋和生育，更少选择学习与深造；为了照顾家庭和孩子，更多放弃职业发展和晋升的机会”，自己的职业生涯管理让位照顾家庭和孩子，职业生涯管理得分较低。

通过问卷调查，我们在数据统计的基础上，对不同背景的知识女性自我职业生涯管理的差异进行了分析与讨论，并探讨了知识女性的职业价值观与其自我职业生涯管理的关系，根据回归分析的结果，我们可以尝试利用职业价值观为自我职业生涯管理提供参考。

通过以上研究，我们对知识女性的自我职业生涯管理形成了初步认识，但这种认识仅局限于对其特点的了解。那么，为何形成了这样的特点？知识女性对职业生涯具体是如何管理的，采用了哪些方式？还存在哪些问题？这需要我们进一步通过现场访谈，深入知识女性群体，倾听她们的心声，对其观点和感受进行深入挖掘。

第四章

知识女性自我职业生涯管理的质性研究

第一节 知识女性自我职业生涯管理的质性研究设计

理解涉及一个双重视角之间相互作用的问题，对他人的理解必须通过与他人生活在一起，通过亲身感受、接触、倾听和观看来达到对他人的理解。① 为了更深入地了解知识女性的自我职业生涯管理状况，研究者深入她们的工作场所，观察她们的日常工作，在自然情境中与其互动交流，倾听她们的亲身经历和内心感受，通过自己的切身体验来更好地理解对方。在这一部分，笔者将在前面数据分析的基础上，分别结合知识女性自我职业生涯管理的五个方面对访谈资料进行分析讨论。

一 访谈目的

在数据资料的基础上，通过个别访谈进一步探究知识女性自我职业生涯管理的方式和存在的问题，挖掘隐藏在数据背后的现象，对问卷调查结果提供必要的支持与补充，将研究问题推向深入。

二 访谈现场

本书以三个不同地市知识女性的日常工作场所为研究地点，对研究对象进行访谈，使其能够在工作环境中对自我职业生涯管理状况进行反思。

三 研究方法

知识女性自我职业生涯管理的质性研究主要采用以下研究方法。

---

① 陈向明：《质的研究方法与社会科学研究》，教育科学出版社 2000 年版，第 235 页。

（一）个人访谈法

为深入了解问卷提供的信息，探索其深刻内涵，研究者制订了与问卷信息相对应的访谈提纲（见附录2-1）。采用面对面访谈的形式，在自然的情境中与受访者互动，深入了解知识女性的自我职业生涯管理状况。

在半结构型访谈中，研究者对访谈的整体结构有一定的控制，但同时允许受访者积极参与其中。通常情况下，访谈提纲是根据我们的研究设计制订的粗线条的提示，我们在提问的同时也鼓励受访者提出自己的问题，并根据访谈的具体情况对访谈的程序、内容、范围等做出灵活的调整。

（二）参与式观察

质性研究认为，观察不只是对事物的感知，还取决于观察者的视角和透镜。在参与式观察中，观察者与被观察者一起经历事件，在密切的相互接触和直接体验中倾听、观看他们的言行。这种观察的情境比较自然，观察者不仅能够对当时所看到的现象得到比较具体的感性认识，而且可以深入被观察者的视野内部，了解他们对自己行为意义的解释。在操作层面，研究者可以随时问自己想了解的问题，并且可以通过观看被研究者的行为而发问。这种观察具有开放、灵活的特点，允许研究者根据研究问题和情境的需求不断调整观察的目标、内容和范围。由于其参与性质，观察者具有双重身份，既是研究者又是参与者。观察者不仅要和被观察者保持良好的关系，而且在参与活动的同时必须保持研究所必需的心理和空间距离。观察者与被观察者之间的关系比较灵活，不是一方主动、一方被动的固定关系，研究的过程也不完全先入为主地由某种外在的、机械的模式所决定，而是融入了参与双方的决策、选择和互动。①

四 访谈资料的收集与处理

研究者以一名社会心理调查者的身份进入研究现场，采用一对一的形式在自然情景下展开访谈。在这样的氛围中，大家话题宽泛，轻松自然，避免了将访谈内容作为研究问题被提起的拘谨。在访谈过程中，着重注意了以下三个方面。

（一）问题的切入点

切入点瞄准的是研究问题的角度或方向，如果选择和把握正确，则可

① 陈向明：《质的研究方法与社会科学研究》，教育科学出版社2000年版，第228页。

以省时省力，事半功倍。在访谈的过程中，话题主要涉及兴趣爱好、夫妻关系、是否已有或者准备要“二孩”、孩子的成长状况、生活方式、日常工作状况、单位的规章制度等。

（二）研究者的身份和角色

访谈对象多是在问卷调查之后对研究问题感兴趣，或是经研究者的朋友介绍，同意接受采访而来，还有一些则是研究者的朋友，因此，访谈对象对研究者的身份和目的，在事先是有一定了解的，这本身也成为访谈的一个切入点。同时，为了营造和谐的交谈氛围，使访谈对象充分信任研究者，自然放松地投入谈话，畅所欲言，研究者必须以尊重、真实、诚恳的态度，在必要的情况下作适当的自我暴露，如实告知有关自己的一些情况。

（三）关于访谈录音

访谈对象均受过高等教育，对个人隐私具有较高的敏感性和较强的自我保护意识，因此，部分访谈对象对录音持保留态度，更希望研究者在访谈过程中对谈话内容采用记录的形式，而不采用录音设备。对此，研究者表示尊重和理解，仅在访谈对象许可的情况下进行录音，其他则采用现场记录、事后整理的形式。

对通过访谈所收集到的资料采取逐字抄录的方式进行整理。主要采用类属分析①，即结合研究目的将研究结果按照主题进行分类，并在此基础上展开论述。同时与情境分析②相结合，即根据主题分类，在每个部分嵌入不同访谈对象的小故事。这种方法为研究结果提供了一个比较清晰的分类结构，同时保持了案例自身的连续性和内在的关联性。在本章中，根据研究论述的需要，仅节选了与访谈对象的部分访谈内容，较详细的访谈实录在本书附录 2-2 集中呈现。

---

① 类属分析指的是在资料中寻找反复出现的现象以及可以解释这些现象的重要概念的一个过程。在这个过程中，具有相同属性的资料被归入同一类别，并且以一定的概念命名。参见陈向明《质的研究方法与社会科学研究》，教育科学出版社 2000 年版，第 290—291 页。

② 情境分析指的是将资料放置于研究现象所处的自然情境，按照故事发生的时序对有关事件和人物进行描述性的分析。参见陈向明《质的研究方法与社会科学研究》，教育科学出版社 2000 年版，第 292—296 页。

第二节　知识女性的职业选择

通过对访谈资料的汇总和分析发现，知识女性对职业选择方面的管理主要集中于以下几个方面。

一　知识女性对工作与否的选择

其实，女性在职业选择方面做出的第一个选择就是是否就业。从鼓励女性走向社会广泛就业，到重新有人提出"让女性重返家庭"，该问题引发了来自社会各个领域不同的声音。"二孩"政策的全面实施，更使"全职妈妈"成为近年来女性研究的热点问题之一。在本书的调查结果中，90.7%的知识女性认为"女性应当拥有自己的工作，获得经济独立"。在现代社会的语境下，"女性回归"指的是女性回归家庭，但更多的受过高等教育的知识女性则选择走向职场。通过访谈，我们也了解到绝大多数知识女性十分重视自己的工作。无论是未婚还是已婚，同样如此。未婚的知识女性认为，"咱应该有自己的事业，找个喜欢的工作好好干，给将来打拼点儿资本，每天忙活着手里的工作，心里也觉着踏实"、已婚的知识女性则更深切地体会到了个中滋味："一边工作一边还得照顾家是有点累不假，可还是挺有乐趣的"，"放弃工作，一切为了家，确实是一种牺牲，是挺无私的，可时间长了就迷失自己了"……一份工作对知识女性而言不仅是经济来源，更重要的是一种生活方式。访谈对象1的观点就非常具有代表性。

访谈对象1（36岁，大学本科，已婚，育有一女，医生）：

> 我俩平时都挺忙……可我不愿做全职太太，我现在一边工作一边照顾家里，确实挺累的，但至少精神上不空虚。要是不工作了，首先经济上就不独立了。……和外面的沟通少了……不知道外面的事儿，和丈夫、孩子的话题就只剩下柴米油盐了，对教育孩子也没好处呀，所以啊，不是说全职太太不好，而是我做不来。

访谈对象1从她的工作中收获了充实感和价值感，同时，工作也是她与社会保持联系的纽带。这种联系不仅关系着女性的发展，与家庭关系的健康和谐也密切相关。妻子会担心由于做全职太太缺少与外界的联系，而逐渐落后于社会的发展，失去自身原有的魅力，导致与丈夫心理上的疏远，从而影响夫妻感情。同时她们也认为，一个有见识、有智慧的女性才能成为一个优秀的母亲。如果只是让孩子吃饱穿暖，却缺乏与子女有效的交流，也是作为母亲的一种失职。虽然这里研究的是知识女性对工作的看法，但它与女性的家庭观念也密不可分。知识女性的职业价值观，能够折射出她们对婚姻、对家庭的解读。从访谈对象 1 的话中我们能感受到，工作与否实际决定着她的生活方式。作为一个注重独立性和生活方式的知识女性，积极投身工作当然是她最好的选择。

女性的角色定位通常会被社会建构，但女性基于自身需求和职业价值观的自我角色建构才是真正影响其职业选择的关键所在。研究表明，知识女性看重工作带来的经济独立，经济独立不仅意味着拥有可以自由支配的经济收入、独立的生存发展空间，更是女性精神独立的重要前提，它决定了女性的生活方式和在家庭中的经济地位，进而影响着女性的整体生活质量、在家庭中的话语权以及夫妻感情和亲子关系，而这些都与提升女性的生活幸福感密切相关，对于女性的自我角色建构也起着至关重要的作用。

通过前面的数据分析我们知道，在职业选择方面，在不同年龄的知识女性中，20 岁及以下、21—25 岁两组的表现比较突出。她们正处在职业生涯发展的探索期，面临着择业且女性就业难的情况，更促使她们对职业选择方面的管理极为关注。通过访谈也印证了这一事实，“当然要有自己的工作啊，……我觉得用一年的时间我肯定就能入门了，争取工作以后三年内成单位的骨干，干出点名堂来让自己站稳脚，工资说不定也能涨点儿……”[①] 知识女性在择业的过程中注重独立性、经济报酬和智力激发（在工作中接受新事物，面对新挑战），并按照自己的期望与想法对未来的职业发展做好了初步的计划。

但在此之外，我们还听到了一种完全不同的声音：“现在大学生工作不好找，尤其是我们女生，干脆找个好对象，把自己嫁了算了。我这样说听起来是不是挺颓废的，感觉大学像是白读了。可现实挺残酷的，有时候

① 转引自与访谈对象 2（23 岁，大学四年级学生，未婚）的访谈记录。

不得不这么想。”① 这样的想法多是在就业形势严峻的情况下，少数女大学生用以缓解就业压力的一种“偷懒”的办法。全国妇联和国家统计局2001年举办的第二期中国妇女社会地位抽样调查的结果显示，在19000多名接受调查的男性、女性中，34.1%赞同女性“干得好不如嫁得好”。而在2016年，中国青年报社会调查中心通过问卷网对2005人进行的一项调查显示，对于女性“干得好不如嫁得好”的说法，有58.6%的受访者对此表示赞同，25.5%的受访者觉得不好说，仅15.9%的受访者不太赞同。前面这位访谈对象的话也体现了这一点。虽然在我们的研究对象——知识女性这一群体中，持这一观点的仅占很小的比例，但它反映了一种社会现象。女性就业难，使她们不得不转而通过寻求归宿来获取安全感。事业有成的“成功男士”通常是她们择偶的首选，因为这样既解决了今后的住房问题，也能利用对方在当地的社会关系网提高自己的就业机会。如此将婚姻视为就业的一条捷径，并戏称为“曲线就业”，把全部希望寄托在婚姻上，毋庸置疑，这确实反映了女大学生就业难的社会现实，但相比而言，饱读诗书、理应踌躇满志的大学生，却采用这种消极、退避、所谓“迂回”的方式来处理问题，更值得我们深思。知识女性对于婚姻家庭和职业发展的定位，在一定程度上决定了女性对工作与否的观点和态度。这种定位受到女性的世界观、人生观、职业价值观、受教育程度、工作机会和社会环境等诸多因素的影响。

二 知识女性对工作领域的选择

研究表明，知识女性在进行职业选择时，对工作强度、工作时间、薪酬福利、晋升机制、人际关系等方面较为关注。在选择工作领域时，除关注上述因素外，部分女性还会基于社会对女性的性别角色期待，选择所谓“适合女性的工作”，因为细腻、温柔、敏感等女性心理特质与某些职业的要求比较契合，这样就逐渐形成了女性聚集密度较高的职业，比如教师、护士、文秘等，即所谓的“女性职业”。而男性聚集密度高的工作自然就成了“男性职业”，女性很少涉及。这些“女性职业”“男性职业”虽然迎合了部分劳动者的职业兴趣和发展需求，但它并不能代表所有女性、男性的职业取向，有时甚至形成了一种误导，似乎女性只适合从事

① 转引自与访谈对象3（21岁，大学三年级学生，未婚）的访谈记录。

“女性职业”，这从一个侧面反映出了职业性别隔离①现象。

面对这一现实，知识女性这一群体是否认可女性职业，她们对工作领域如何选择，成为研究者关注的重要问题之一。在调查中，68.1%的受试者“相信自己的能力，认为女性能够进入男性主导的领域工作”；50.6%认为在进行职业选择时不应局限于女性职业。由此可见，大部分知识女性不愿将工作领域仅仅定位于“女性职业”，而是以自身能力为出发点，选择能够促进职业发展的工作。男性主导的领域虽然成功男士云集，但也为其中为数不多的女性提供了脱颖而出的机会。

访谈对象 4（29 岁，大学本科，已婚，无子女，公司职员）：

> 别人一听说我是干 IT 的，都觉得这应该是男生拿手的活儿，说女孩子干这个太累、太枯燥了。是挺累的，不过我喜欢。没有要求说只有男生才能干这个工作啊。……我觉得根本无所谓什么是最适合男的干，什么是最适合女的干，那都是相对而言的。……只要你喜欢，相信自己能干好，那就放心大胆地干就是了。

所谓的“女性职业”“男性职业”，即职业性别隔离现象，表现为男女在某一职业中的构成比例与其在全部劳动力人口中的比例不一致。职业性别隔离，导致部分女性为了避免可能遇到的职业“瓶颈”，而对男性居多的所谓“男性职业”采取回避的态度，无形中缩小了职业选择的范围，也容易错失另辟蹊径带来的潜在的职业发展机会。而访谈对象 4 对职业性别隔离的理解则代表了大多数女性的看法，从她的话中可以体会到，其实正如她所说的，所谓“女性职业”“男性职业”都是相对的，而且也是不断发展的，原本男性主导的领域，会由于女性的加入而呈现出新的活力。同样一份工作，习惯了男性的思维模式后，从女性的视角切入，以其特有的风格处理事务，会给这一领域带来新的气象，促进其更和谐地发展。正如男生学习护理专业做男护士，从事幼儿教育做“阿舅”一样，不仅给

① 职业性别隔离，是指劳动力市场中性别构成上存在明显差异。出现“男性职业”“女性职业”属于职业性别隔离中的横向隔离，即男女两性在某一职业中的构成比例与其在全部劳动力人口中的比例明显不一致。参见吴贵明《中国女性职业生涯发展研究》，中国社会科学出版社 2004 年版，第 2 页。

所属的工作领域注入了新鲜血液，更重要的是为自己带来了更好的机遇和发展契机，而这本身是需要勇气的。男性有信心走入女性主导的领域谋求发展，女性也应当敢于拓宽职业选择的视野，为自己提供更多种选择，很多知识女性就在这方面做出了表率。当然，这也需要社会为女性提供更多的选择机会。因此，减弱或消除职业性别隔离，对于女性的职业选择、职业发展具有深远的意义。

在本研究的调查中，有66.8%的知识女性认为“基于生理特质，女性适合弹性工作制”。那么，这与前面所说的知识女性能够进入男性主导的领域工作相比，是否出现了矛盾呢？答案是否定的。我们应当认识到，无论是理论研究，还是现实生活中女性的职业选择，都必然对女性生理特质所带来的特殊职业生涯发展规律予以考虑。有差异并不代表不平等，男女两性在生理结构、心理特征、行为风格等方面存在差异，但是二者的机会和权益仍然应当是平等的。①

三　知识女性对职业兴趣的观点

职业选择的各种重要理论，如帕森斯的特质因素理论、霍兰德的人格类型理论等，都强调个体的心理特征与职业的合理匹配。选择适合自身能力、兴趣的工作，才有利于职业生涯的长远发展。在访谈中，很多知识女性也表示希望通过选择符合自己兴趣的工作来为长远的发展做打算。前面提到的访谈对象1从事医务工作13年，关于职业兴趣的问题她现身说法。

> 访谈对象1：我干这行已经13年了，当时选择当大夫确实是出于兴趣。……现在都已经这么多年了，没有以前刚来的时候那股子新鲜劲儿了，……累是挺累，不过每次看病人出院还都感觉自己没白忙活。其实啊，真是这样，自己喜欢才能干得长久，心情舒畅，遇到困难也有信心扛过去。

“职业兴趣被视为职业选择的重要影响因素。SCCT的兴趣模型强调

---

① 吴贵明：《中国女性职业生涯发展研究》，中国社会科学出版社2004年版，第13页。

经验和认知因素对职业兴趣的影响，职业兴趣有助于激发特定的技能获得行为。”① 如果个体的实际工作与其职业兴趣有较高的吻合度，就能够极大地提升其工作投入和工作满意度，进而增强个体在职业选择和职场竞争中的优势。访谈对象 1 因为兴趣选择了学习医学专业，后来也从事医务工作。“兴趣是最好的老师”，对所学专业的爱好，不仅缓解了她大学时学习的压力，更重要的是为她后来的职业发展奠定了良好基础。正如她所说，自己喜欢才能干得长久，在繁忙的工作中才能保持舒畅的心情，每天以良好的状态面对工作，才有望得到长足的发展。经过这么多年的努力，她现在已经是一位副主任医师，在同事、病人当中口碑很好，事业发展比较顺利，她也一直很庆幸自己当初的选择。她还告诉我说：“我侄女今年高考填报志愿，她爸妈就非让她跟我一样学医，说工作好，可人家孩子不喜欢从医，喜欢学外语，我就支持她。选专业很关键，让孩子干一辈子打心眼儿里不喜欢的工作，身体累，心更累，将来后悔就晚了。”访谈对象 1 正是因为体会到了兴趣与工作相匹配给她的职业发展带来的益处，才会支持侄女选择喜欢的专业。在她看来，能找到一份符合自己兴趣的工作，才更有机会赢得好的发展前景。本研究的问卷调查显示，62.7%的知识女性认为择业时应着眼于长远发展，而不愿仅仅为了“饭碗”而就业（第 6 题）。访谈对象 1 的观点的确代表了这种普遍的看法。很多处在择业阶段的 20 岁左右的年轻知识女性也是以此为标准在为职业生涯做规划。但在访谈中我们能明显感觉到，她们对职业选择的管理比较理想化，虽然看似周全，但缺乏与现实的磨合，而像访谈对象 1 这样有一定生活阅历的知识女性，无论在“全职太太”问题上还是在对职业兴趣、发展前景的理解上都有基于现实生活的理智思考。这与前面我们对不同年龄知识女性的职业选择差异进行的分析是一致的。然而，也有访谈对象这样说：“谁没有自己的爱好、自己的理想，问题是理想和现实有时候差距不是那么一点儿半点儿的，现实就是现实，没法改变的话就只能接受。”持这一观点的人并不在少数。通过访谈可以感觉到，对于部分知识女性而言，根据职业兴趣选择喜爱的工作，更多的是反映了自己的职业期望，与职业期望并存的还有现实中的无奈。随着女性社会地位的提高，她们对自身的职业期望有

① 龙立荣、方俐洛、李晔：《社会认知职业理论与传统职业理论比较研究》，《心理科学进展》2002 年第 2 期。

较高的定位与追求。职业期望，或者说职业意向，使知识女性在职业生涯进程中，不断将自身的职业兴趣、职业价值观和个人能力等因素同社会需求、就业机会相协调，力争实现自己既定的职业目标。在协调发展的过程中，如果遭遇诸如社会现实、组织环境、家庭传统观念等方面的阻力，女性的职业期望会受到直接或间接的影响，职业兴趣与实际工作的吻合、匹配也就无从谈起。

访谈对象5（25岁，大学本科，未婚，国企员工）：

> 其实我一直都挺喜欢当老师的，……应聘到了一所小学的双语部，……就是离我男朋友远了点，还有就是到了年底发奖金的时候，我们和在编老师的悬殊实在是太大了，真是挺气的。……后来家里人找关系帮我找了现在的工作，……不如当老师那么称我的心意，但是还算稳定。……工作轻快，还可以多照顾照顾家，要是有了孩子也有时间带，挺好的。

访谈对象5，因为兴趣而选择了教师这个职业，但是由于工作的待遇、稳定性以及家庭因素等客观条件，她不得不放弃最初的想法，选择了改行。新的工作并不符合她的兴趣，不能发挥她的专业特长，但满足了她对生活稳定的需要。当理想与现实发生碰撞的时候，她放弃了当初的理想。当她被提问："放弃了原来你喜欢的职业，选择一个你认为没有发展前途的工作，不后悔吗？"她说："就想安安稳稳地过日子，比什么都强。"

在现实生活中，知识女性的职业选择并不都如理论中所讲的那样能够实现兴趣和工作完美匹配，而是受到诸多其他因素的影响，比如经济状况、家庭条件、就业机遇等。访谈对象5就面临着这些因素给职业发展带来的困扰。当现实状况背离初衷，很多知识女性会选择被动地接受，因为她们对"稳定"同样看重。虽然对现状并不满意，但她们更为担心的是，如果仍然执着于过去的理想，执着于自己的职业兴趣，境况也许会更糟。在对研究者访谈的过程中发现，"稳定"这个词出现的频率很高，足见女性对平稳、安全感的重视。

知识女性，这一接受过高等教育的女性群体，其认知、能力、成就动机等均有不同程度的提升，她们对自身在职业角色定位、价值追求、职业生涯发展方面也提出了较高的要求，希望将职业兴趣与实践工作相结合，实现自我价值，提升自我效能感。但从另一视角可以发现，知识女性对职业兴趣的观点也会随着年龄的增长、阅历的加深逐渐发生变化。刚刚走出校门时，满腔热情，希望能运用所学的知识在钟爱的领域中大展拳脚。而美好的愿望在现实中有时“不堪一击”。由于缺乏对生涯发展的有效规划和管理，一旦理想和现实产生了差距，在职业生涯中遭遇挫折，最初的选择就会动摇，甚至发生彻底的改变。尽管这种改变是无奈的，她们也依然选择做出妥协，“随遇而安”，这样的做法虽然满足了一时的需求，却给未来的发展留下了隐患。

第三节 知识女性的学习深造

数据分析的结果显示，各种不同背景的知识女性在学习深造方面均存在显著差异。通过对访谈资料的分析可以发现，其差异主要集中在对高学历的认识和对深造方式的选择这两个方面。

一 知识女性对高学历的认识

在调查中，78.9%的知识女性认为，女性应当追求高学历。也就是说，大部分女性在对高学历的看法方面比较一致。但是，具体到追求高学历的原因、对高学历深层的认识，她们却都有着各自不同的解释。

访谈对象 6（25 岁，未婚，在读硕士研究生）：

> 其实我明年毕业以后还想接着念，可我老爸老妈坚决反对，硬逼着我找男朋友，快点结婚。可我就是急不起来，还想再继续读几年书。这年头，没有高学历上哪去找好工作啊，尤其咱们女生，更不好找了。……我就想先把学上好，然后找份好工作，找个适合自己的人，一块儿好好干几年，有点经济基础了再说。

在访谈对象 6 看来，高学历是好工作、高待遇的保障，同时也是自身能力的一种体现。而且，她在深造方面的追求并不是盲目的，是和其他的人生规划相贯穿的，在学业、工作、家庭方面都有自己的想法和计划。访谈对象 6 的生涯规划主线是先立业、后成家，而在立业之前又要先取得高学历，为未来的职业发展奠定基础。虽然家人的建议和做法对她或多或少构成了影响，但她依然信念坚定，积极地为考博做准备。通过与她舍友的交谈，还了解到，访谈对象6性格开朗、独立，对人对事有自己独到的见解。毅然选择深造，十分符合她的个性和一贯的做事风格。目标明确，见解独立，分析能力强，不轻易为他人观点所动，遇事沉稳冷静，深思熟虑，决策果断，展示出了当代知识女性优秀的心理品质。访谈对象6的言语间透着知性和干练，根据她的职业生涯规划，继续深造、提升学历是对自身潜能的积极开发，是掌握更前沿知识与技能的必由之路，也是为自己争取更广阔的发展空间、实现职业目标的重要方式。

通过对数据的分析可以发现，学历越高，对学习深造越重视，可以说访谈对象6就是部分高学历女性的代表，她们对未来的发展目标明确，有较强的进取心，运用合理的方式为自己争取更多的机会，渴望通过不断地提高自身水平来体现人生价值。当代知识女性在学习深造的过程中，收获的不仅仅是学历的提升，更重要的是在这一过程中所展示出的自信自强、踏实勤奋与乐观顽强。然而，由于自身的各种处境部分知识女性对学习深造也有着不同的观点。

访谈对象7（27岁，未婚，应届硕士毕业生）：

> 本科毕业的时候去应聘过几个学校，有个不错的学校对我挺满意，……准备考研，就拒绝人家了。现在研究生也快要毕业了，……用人单位要求忒高了，要不就是递过去的简历石沉大海。还有的性别歧视……现在学历高了，要求也高了，工作和对象反而都不好找了。工作吧，低了不想去，觉着这研不能白读，高了呢，人家又不要你。找对象的话，对方要是学历低点，听说你是硕士，吓也吓跑了。

访谈对象7与访谈对象6学历相当，初衷也是一致的，都想通过深造寻求更好的职业发展前景，认为高学历能够为就业、发展提供良好条件，因此她放弃了本科毕业时的工作机会，选择了报考研究生。但恰恰是读研究生期间面临的各种问题使她对当初的决定产生了怀疑和动摇。工作、婚姻对于个人而言都是重中之重的大事，她恰好同时经历着这两方面带来的心理压力。深造不仅没有给她带来好的工作机会，反而对婚恋产生了一定的负面影响。而且，与同龄人的比较也加重了她内心的焦虑和困惑，理想和现实的反差逐渐改变了她对高学历的看法。在社会发展的新形势下，不断提升自我、谋求职业发展成为当今知识女性价值取向的热点。她们在求学深造的过程中，经历了严格的选拔，接受了高层次的教育和培养，综合素质得以提升。她们期望通过深造，以崭新的姿态投身社会生活，其发展愿景是工作与学历相匹配、待遇与能力相适应。而此时，在就业这一决定其生存发展的关键环节，她们却又经历着残酷的就业压力。知识女性完成深造，步入社会，将就业看作衡量个人价值与社会角色的重要标准，而就业受挫则严重影响了女性的自我效能感。加之高学历带来其择偶标准的提高，也带来婚恋压力，双重负荷使其对深造的决定产生怀疑甚至懊悔。

在前面的调查中，与其他各种职业的知识女性相比，学生在学习深造方面的得分较高。她们本身正处于学习的阶段，对该方面格外关注正在情理之中。但是，通过访谈不仅发现了像访谈对象 7 这样的情况，还了解到其他隐含的问题。一些女大学生在选择深造时表现得比较迷茫，在与她们的交流中经常能听到这样的说法："其实我也说不清为什么要考研，我们班同学都考，这个专业女生太多了，工作不好找，所以考研是一条很好的出路，那我就考了"，"其实我本身并不喜欢现在的专业，但我也不想跨专业考研，还是对本专业比较熟悉，考上的机会还能大些"。当被提问："不喜欢这个专业，考上以后学得很吃力怎么办？不好找工作怎么办？"回答说："考上以后再说吧，能考上就不容易，顾不了那么多了，走一步看一步吧。"这就是说，很多女大学生在选择深造时还是比较盲目的，没有明确的目标。近年来各大高校研究生招生规模扩大，报考人数不断攀升。部分女大学生因缺乏职业生涯规划意识，对未来发展没有目标和计划，只是抱着从众心理选择考研，并未通过将自身条件和就业环境进行匹配分析从而选择适合自己的职业发展方向。另外，也有部分女大学生选择考研仅因为预判就业形势不乐观，想要通过考研回避就业压力。而事实上，因其未对职业生涯进行统筹规划与管理，目标模糊甚至没有目标，即使选择考研也只是推迟了就业压力，无法避免就业压力在研究生毕业时再次出现，于职业生涯发展而言毫无裨益。此外，在专业的选择上，仅以容易考取为标准，没有结合自己的兴趣、特长、能力对未来做长远、有效的规划。这样的做法虽不能称其为得过且过，但对个体的发展极为不利。

学生重视深造，但是不够理性，并未真正把学习深造纳入生涯管理的范围，对发展方向没有总体的把握，仅仅把目光放在眼前的利益上，一旦出现始料未及的情况，就会像访谈对象 7 一样不知所措，甚至走更多不必要的弯路。相比较而言，在职的知识女性更为理性，她们通常会根据本行业未来的发展前景和自身的需求决定是否深造。

二　知识女性对深造方式的选择

目前总体来说，学习深造主要有在职和脱产两种形式。脱产深造所获学历的社会认可度通常要高于在职进修，而在职进修可以在保有现在工作的基础上获得知识技能的提升，二者各有利弊。

从调查的结果看，对于深造方式的选择，68.5%的知识女性“选择在职进修而非脱产，以免生活工作出现较大变动”（第 2 题）。这里的“变动”是指进行脱产进修需要放弃原来的工作，会打破原有的生活状态，给个人和家庭带来影响。再者，脱产进修结束后，将重新面临就业的压力。因此，大多数知识女性基于对稳定的看重，选择了在职进修。除了担心重新就业，已婚的、有子女的知识女性更多地顾虑家庭和孩子。“孩子小，哪能忍心离开他呀？我就学的函授的那种，主要是为了评职称。”① “我对象工作很忙，没大有时间顾家，平时都是我忙进忙出，我的工作挺好，不怎么忙，有时间看书，学个在职的就行了。”② “俩娃啊，脱产不现实，在职吧，好考好学，多拖两年也没事。”③

由此可以看出，已婚、有子女的知识女性出于对家庭和孩子的考虑，在学习深造方面主要是以生活的稳定为出发点，希望借助在职学习为职场竞争增加砝码，达到“稳中有升”——促进个人素质的提升和实现专业技术职务晋升等。由于来自传统思想与现代观念的双重价值取向，知识女性一方面要承担生育抚养子女、处理家庭事务、从事家务劳动的任务；另一方面要对工作尽心竭力，并为增强职场竞争力而学习深造。女性的社会属性和家庭属性被同时强化，在进行学习深造时，其时间、精力必然面临挑战。正如调查结果显示，当知识女性已婚已育或因其他原因不具备接受全日制教育的条件时，通常会选择在职进修或继续教育的方式进行学习深

① 引自与访谈对象 14（30 岁，大学本科，已婚，育有一女，国企员工）的访谈记录。

② 引自与访谈对象 22（38 岁，大学本科，已婚，育有一女，公务员）的访谈记录。

③ 引自与访谈对象 18（37 岁，硕士研究生，已婚，育有一子一女，事业单位工作人员）的访谈记录。

造。尤其当她们的工作生活状态较为稳定时，通常会选择这样折中的办法，避免因为深造而影响当前的生活状态和秩序。

随着信息化教育技术的飞速发展，在职学习、继续教育的学习方式也更加灵活多样。如远程教育在继续教育领域占有越来越重要的地位，它既能达到知识女性深造进修的目的，又能凸显其在学习过程中的主体地位，使知识女性能够根据个人需求，灵活掌握学习的时间和地点，自主地、能动地、不拘形式地、随时随地完成学习。此外，女性还可以根据自己的职业特点，选择针对性和实用性较强的学习内容和进修方向，从而提高自身的职业适应性能力，促进在职场中的再成长。这些都是继续教育与脱产的学历教育相比所具有的独特优势。

对于第2题，除17.1%选择“不能确定”外，还有14.4%的知识女性不选择在职进修。从访谈中，研究者了解到她们各自不同的想法。

访谈对象8（35岁，硕士研究生，已婚，育有一子，高校教师）：

> 我深造不光是为了学历，主要是为了换个工作，换一种生活。原来在公司干的时候太忙了，……不仅身体上觉得累，心也累啊，越来越有危机感了。后来，原来的同学劝我考研。我既然是要换工作走人，当然是选脱产的更好啊，就干脆把工作辞了，……现在毕业改当老师了，觉得还是这个工作更适合我一些。

通过前面的数据分析可以知道，不同职业的知识女性在学习深造方面的差异显著。公司职员由于面临着激烈的竞争，工作的稳定性较差，因而会更多地通过学习深造来提升自身的竞争力。对于访谈对象8来说，深造除了能够提升能力，更重要的是可以改变原职业所决定的那种生活方式，即借助于深造来转换工作、改变生活状态，为职业生涯重新定向。访谈对象8注重生活方式，正是她的这种职业价值观促使她做出了相应的职业生涯决策：放弃原有工作、深造、重新择业。访谈对象8因原有的工作强度、工作性质和竞争压力等原因，产生了职业倦怠，导致其职业生涯期望发生了变化，职业生涯的导向也随之改变。她选择辞职，全力备战考研，在学习深造的方式上，选择了全日制学历教育。通过这一职业生涯决策，她成功完成了职业生涯转换。所谓职业生涯转换，是指她由一种职业生涯状态转变为另一种职业生涯状态的过程。当访谈对象8在执行职业生涯决策时，其职业角色在发生着不断的更替，从公司职员到辞职备考，又从在校研究生到大学教师。学习深造改变了她职业生涯的路径和轨迹，也如其所愿地改变了原有的生活方式。学习深造带来的文化素养、技能水平的提高，是知识女性职业生涯转换的重要保障，是她们理性择业、赢得工作机会的坚实基础。在实现职业生涯转换后，能力的提升也有助于女性较快融入新的工作环境，有效缩短职业适应期。

访谈对象 9（23 岁，大学本科，未婚，公司职员）：

> 当时拿到问卷的时候，我问你我是自考的本科，也行吗，你说"当然可以"，我心里特舒服。我专科毕业找工作的时候，"自考"这个字眼对我简直太敏感了。其实主要是用人单位敏感，根本瞧不起自考的，……我的目的还是继续考研……所以，你刚才问脱产还是在职，那当然得脱产，我原来那个不就算是在职的吗，有的单位不认这个，没办法，我得争口气！考个脱产的！重点的！

脱产进修的确会给生活带来变动，但是这种变动从另一个角度讲，使那些对现状不满意的知识女性能够获得重新选择的机会。有的知识女性希望通过脱产进修来转换专业，从事新的工作，彻底改变原来的生活方式；还有的则像访谈对象 9 这样想通过脱产学习使自己的学历和能力有更高的社会认可度，改变就业时被动的局面。知识女性学习深造的方式、目的虽略有差异，但总体而言，其动力均来自对提升自身工作能力、社会认可度、个人声誉、薪酬福利、职场竞争力等方面的追求。知识女性作为专业工作者，在职业发展中具有较强的获得尊重的需要和自我实现的需要，这也是她们职业生涯不断进步最恒久、最稳定的动力。对于以访谈对象 9 为代表的知识女性，无论其采用何种方式学习深造，均投入了极大的时间和精力，自身水平也得到了相应提高，期望获得较高的社会认可度，以此提升在职场中的层次和地位。所以，当她们因在职进修而遭遇不平等待遇时，会毅然选择全日制学历教育继续进行深造。实际上她们仍然是在既定职业目标和职业生涯规划的指引下，通过更新对社会环境、组织环境的认知，将自身发展、自我实现与社会需求相结合，重新选择深造方式，以获得较高的认可度和自我效能感，弥补之前的"遗憾"，实现自身社会价值。

当前，随着知识更新的不断加快、知识领域的迅速扩展，女性知识与能力的提升已成为职业发展的关键因素。知识女性作为高知群体，具有参与社会竞争的主体意识和危机意识，具有学习深造的内在需求。大部分知识女性在选择学习深造的方式时，能够树立正确的学习观，并在客观分析自身的优势、劣势的基础上，选择适合自己的方式，不断扩充知识储备、提高专业技术水平，具有自主学习、自我开发的强大内在动力。

问卷调查数据显示，45 岁以上的知识女性与 26—35 岁的相比，在学习深造方面存在显著差异。26—35 岁是职业发展的稳定期，也是最出成绩的阶段，通过学习充电能够为成功增加砝码，而 45 岁以上的知识女性已进入职业发展的维持期，但通过访谈了解到，她们对于学习深造也有自己独特的看法。

访谈对象 10（50 岁，大学专科，已婚，育有一子，中学教师）：

> 到了我们这个岁数想继续深造的很少很少了，马上就快退休了嘛。不过，我觉得多学学还是好啊，我的孩子我就支持他继续往上考，……等我退了休，我马上就上老年大学去……我想学学书法。

45 岁以上的知识女性虽然对自己的进一步深造不再做太多的打算，但是对于学习深造的重视，能够在她们对下一代的要求和期望中体现出来。当一个母亲的年龄在 45—50 岁时，家庭中最小的孩子也已长大成人并开始他（她）自己的生活。[①] 也就是说，她们在为退休做准备的同时，还要面对“空巢期”的到来。访谈对象 10 就处在这样一个时期，但她已经为今后的生活做好了打算。通过对老年大学的“考察”，她确定好了下一步学习的目标。这种学习虽然与进修、深造的学习有所不同，但体现了她对生活、对学习的一种态度和对退休生活的一种规划。

在访谈中我们发现，像访谈对象 10 这样做的知识女性并不占多数，但这对我们是一个启示。面临退休是职业生涯的最后一个阶段，但也是不容忽视的，它关乎晚年的生活质量。很多知识女性由于退休后完全回归家庭，终日面对繁杂的家庭事务，与工作的充实感相比，产生了极大的心理

① ［美］夏埃、威里斯：《成人发展与老龄化》，乐国安译，华东师范大学出版社 2002 年版，第 136 页。

落差。因此，不仅需要做好从工作到离职的过渡，还需要对退休后的生活进行安排。对于知识女性而言，通过这样的学习，退休后面临的将不再是被琐碎的家务所包围，她们依然可以有多姿多彩的生活，能够学到新的技艺，更重要的是有助于对退休后的心理进行调适。

第四节　知识女性的婚恋生育

一个家庭是如何开始的呢？这是刚从一个核心家庭（由父母和子女组成）独立出来的年轻人要完成的发展期任务之一，也就是组建一个新家庭（Havinghurst，1972）。[①] 婚恋生育是一个对女性的职业生涯发展有重要影响的环节，与爱人建立亲密关系、哺育下一代，使自己的生命得以延伸，也体现了女性的心理发展需求。那么，如何在满足心理需求的同时，又不会因生育子女而影响到职业发展的连贯性呢？在本章中，对于第28题（我已经把婚恋、生育等问题都纳入我的职业生涯规划），65%的知识女性选择了“完全符合”或“比较符合”。也就是说，有相当一部分女性在进行自我职业生涯管理时，已经对婚恋生育做出了规划和安排。通过访谈了解到，知识女性在婚恋生育方面的管理，主要集中在对时间的安排上，即根据职业发展需要计划何时结婚、何时生育。

一　婚恋的安排

恋爱、结婚是人生大事，却是可遇而不可求的，对婚恋的具体时间做出确定的安排也是不切实际的。但是，在人生旅程中，对自己的发展进程做总体把握还是必要的。本节我们将结合在该方面发现的主要问题展开讨论。

（一）高学历女性的择偶问题

调查结果显示，在婚恋生育方面不同学历的知识女性存在显著差异。通过访谈了解到，她们的确面临着不同的困惑，首先就是一些年轻的女硕士、女博士的择偶问题。

访谈对象11（26岁，未婚，在读硕士研究生）：

① 转引自［美］夏埃、威里斯《成人发展与老龄化》，乐国安译，华东师范大学出版社2002年版，第120页。

> 咱女生一般都愿意找个比自己强的，个头比自己高，学历比自己高的，……关键要是学历差得大的话，没有共同语言……我读研之前，她们就劝我说先找对象再考研，不然就嫁不出去了。放假回家，七大姑八大姨全问我一个问题："有朋友了没？不小啦，该找啦。"还有同学聚会，那些"过来人"也都特关心我这个问题，都说："别太挑啦！再挑真嫁不出去了！"唉，时刻被提醒是"单身狗"。

像访谈对象11一样，不少知识女性由于忙于学业，暂时搁置了对婚恋问题的考虑，而学业有成之后，高学历反而给她们的择偶带来了麻烦。年龄的增长、选择范围的缩小、时间的"紧迫"、亲人朋友的催促，更使她们手足无措，有苦难言。这在她们的整个生涯中是一道"关口"，虽然对职业发展没有决定性的作用，但在无形中影响到知识女性的心理发展和相应的职业生涯决策。换言之，高学历并未成为知识女性择偶、婚恋的优势，反而在一定程度上增加了她们婚配的难度。首先，接受高学历教育延长了女性的受教育时间。受教育程度越高，婚恋时间受到的影响越大，初婚年龄越会推迟，有的甚至会错过最佳婚育期。访谈对象11意识到自己确实到了谈婚论嫁的年龄，已经开始在该方面有所关注。与她的情况相似，访谈对象12也曾经面临同样的窘境，当她意识到问题的存在时，采取的方法则更加积极。

访谈对象12，33岁。连续三年报考研究生，28岁时终于如愿以偿，目前已是一名医学博士。她之前一直是单身，访谈前才得知她即将结婚。通过访谈了解到，在她深造的过程中，婚恋问题既给她带来不少困扰，同时也给予她启示。

> 读研那会儿也已经挺大的了，30岁的人了，也没遇见个合适的，毕业的时候就想考不考博啊，再读博选择的面儿就更窄了……读了博以后，就特关注这件事儿啦，必须把它提到"议事日程"上来了！托朋友、同学、老师，自己也出去参加些活动，比如像英语俱乐部什么的，反正"广泛撒网，重点捕捞"嘛，最后终于把他"捞"上来啦！

访谈对象12大学毕业后工作非常投入，但由于缺乏临床经验，她把大量的时间都花在工作上。经亲戚介绍认识了原来的男朋友，后来因为对工作环境不满意，加上恋爱的挫折，她坚定地选择了考研，脱离过去的生活环境。读研究生期间又忙于学业，把“个人问题”耽搁了下来。考博时开始意识到问题的“严重性”，把恋爱问题提上了“议事日程”。其实，这里她所说的“议事日程”，实际就是把婚恋问题纳入职业生涯管理，把它作为职业生涯重要的一环加以考虑。访谈对象 12 的明智之处在于意识到问题的存在后，能够及时地采取措施，托身边的人帮忙介绍，并通过主动参加一些社交活动，扩大交际范围，积极地为自己创造选择的机会。她不仅找到了属于自己的幸福，同样也化解了职业生涯发展中的一次“危机”。

访谈对象 11 和 12 都提到了一个关于择偶范围的问题，且绝大多数知识女性的观点与她们极为相似，即男女两性的择偶标准通常是“男性往下找、女性往上找”。高学历的女性通常希望寻觅一位身高、能力、学历等各方面都高于自己的，至少是与自己相当的男士为伴，如此，学历越高，选择范围自然就越小。高学历的男性虽受到她们的青睐，但是男性的择偶面较宽泛，他们不要求女方有太高的学历，倾向于选择低于或最多与自己学历相当的女性，否则会有压力感。因此，高学历的女性在婚恋方面确实存在难以回避的问题。在这种传统的“男高女低”的择偶标准和“梯度婚配”的婚配模式影响下，受教育程度作为知识女性择偶的重要标准之一，反而限定或缩小了其择偶的范围，从而导致高学历知识女性婚配难度的增加。换言之，知识女性的学历越高，初婚年龄就越大。年龄、学历双高导致其择偶范围越小，择偶资源受限，因而遭受婚姻挤压。高学历、高收入本来是她们奋斗的目标，或者说是引以为豪的资本，而如今却成了她们择偶的障碍。经访谈发现，在婚恋方面，部分高学历知识女性与访谈对象 12 相似，能适时转变观念，态度积极，规划及时，把婚恋问题纳入自我职业生涯管理，通过扩大交际面等方式，给自己创造了选择的机会。其实，受教育程度不仅代表女性文化素养、经济收入等方面的提高，还深刻地影响着女性的内心世界，影响着她们的世界观、人生观和价值观。对于精神独立、经济独立的高学历知识女性而言，客观条件的契合只是一方面，精神层面的交流和沟通更为重要。高学历女性应适当调整择偶观、婚恋观，不将教育水平视为唯一的择偶标准，综合衡量婚恋对象。同时，为自己留有足够的心理空间，因为婚姻不是衡量女性生活品质和幸福感的唯一指标，更不是女性职业生涯发展的终极目标。

（二）成家立业的时间安排

以上我们研究了高学历知识女性的择偶问题。知识女性在婚恋方面非常关注的另一个问题则是“先立业还是先成家”。前面曾对访谈对象6[①]的情况进行过分析，但主要是在学习深造方面。在这一部分仍然引用她的话，分析她对成家、立业的规划。

> 我爸妈就着急想赶紧把我嫁出去……其实，我就是想先把学上完，拿到学位，有了工作有了经济基础再说结婚的事儿。……我知道父母的苦心，可是我想先忙活我的学业，既然没有合适的，何苦这么急呢？啥时候都得有个主次吧。

访谈对象6希望先完成学业，立业以后有了经济基础再考虑成家的问题。在她看来，学业是为了更好地就业，工作之后良好的发展才能为成家奠定基础。在访谈的过程中，这个性格独立的女孩给我留下了非常深刻的印象。她从上大学开始，就自己打工挣钱负担生活费，如今也不希望用父母的辛苦资助来建立自己的小家，而是想通过打拼为将来提供保障。对于未来的发展她目标明确，规划得也很有条理，对自己迈出的每一步坚定而自信。访谈对象6选择先立业是基于其职业价值观，她所看重的并不仅是经济收入、物质基础。根据她的成长经历和自我职业生涯管理的特点，可以发现，立业能够使她的职业发展按照自己既定的规划步入正轨，更重要的是这一过程带来的自我成长、职业提升和自我实现，使她收获了精神层面上的满足。访谈对象13的观点则与她不同。

访谈对象13（26岁，大学本科，已婚，无子女，公司职员）：

> 我大学毕业后第2年就结婚了。我觉得挺好的，找到了适合自己的就早些结婚嘛。女儿大了老不结婚父母也该着急了，这样也是了了父母一桩心事啊！……工作嘛，当时刚工作时间不长，是挺努力的，但是不大摸门儿，没什么很突出的表现，趁这个时候把个人问题解决了正好，心里也踏实了。不过暂时没打算要孩子，我老公也说再等两

① 访谈对象6在前面的“学习深造”部分曾出现过：25岁，未婚，在读硕士研究生。

年，我俩好好干工作，干出点儿成绩来再说。

访谈对象13主张先成家后立业，她认为先解决个人问题，不仅给自己找到了幸福，也完成了父母的心愿，同时还解决了职业发展的后顾之忧，一举三得。访谈对象6和13代表了两种截然不同的观点。前者主张立业为成家打基础，后者则认为成家为职业发展提供保障。知识女性无论选择先立业还是先成家，均是基于个人的职业价值观，因为她们的选择是女性的志向、理想、信念、追求等在职业选择、职业发展中的具体体现。不同的人会基于不同的知识技能、经验阅历、职业目标、家庭条件、志趣理想等形成不同的职业价值观，进而影响到职业生涯决策。正如所分析的这两位访谈对象，她们的个人条件、成长环境、生活阅历、发展目标等不尽相同，对于成家立业的时间安排、职业生涯规划都表现出差异。但二者也存在相同点，她们都是选择最适合自身发展的方式，从自己的实际情况出发管理职业生涯。婚恋在知识女性的职业生涯发展中的确是一件大事，虽不像生育那样使职业生涯出现中断，但它会使女性职业生涯的发展出现转折，甚至发生转换。如果自我职业生涯管理得有序、得当，适合自身条件与发展，则能够使婚恋、家庭与事业相辅相成，而如果缺乏管理，头绪凌乱，想多方面兼顾而又分身乏术，反而会事倍功半。

二　“三期”的安排

在1967—1977年以5000多名女性为被试对象的研究中，Rosenfeld（1979）发现相比于男性，女性更可能出现断断续续的工作经历。在现代社会，情况依然如此，女性不可避免地要经历孕期、产期和哺乳期（以下简称“三期”），在这一过程中，必然有一段时间会离开工作岗位。如今，“二孩”政策实施后，部分女性则会经历两次职业生涯的中断，这对她们职业发展的影响是不言而喻的。随着市场竞争的日益激烈，为了在完成“三期”之后仍能继续自己的工作，知识女性需要结合自己对婚恋生育的安排对职业生涯进行管理。在接受问卷调查的知识女性中，有54.8%表示“根据自身条件与工作环境，考虑过完成‘三期’最适合的时间”（第18题）。在访谈中，大家谈到了很多在安排“三期”时需要考虑到的因素，比如身体状况、家庭环境、工作进展等。

（一）婚后生育时间的安排

访谈对象 14（30 岁，大学本科，已婚，育有一女，国企员工）：

> 生孩子之前是做过些打算的……打算早要孩子，寻思那样对大人、孩子的身体都好。可是单位情况不行，……就一直拖到改制之后，工作情况基本稳定下来才要的孩子。就这样也是产假一过赶紧回来上班，时间一长，搞不好也容易让人给顶了。

访谈对象 14 最早出于对自身和孩子健康的考虑，决定了生育的时间，但是受工作环境中不稳定因素的影响，她为了保住原有的工作岗位，又对这一问题重新做出了安排。也就是说，知识女性的生育与职业发展确实是相互影响的，甚至有时在二者之间面临着两难的选择。

访谈对象 15（32 岁，大学本科，已婚，育有一女，公司职员）：

> 没想到刚怀上宝宝，公司竟然给了我升职的机会，但如果我接受，就要被外派参加 3 个月的培训……为了宝宝和老公，我最后还是决定放弃升职。后来，在我怀孕的几个月里，考虑自己将来在这个公司发展的空间很小，就辞了职。……在家休息了一年多以后，我想来想去还是应该重新工作，我的工作背景虽然不是很出众，但是没有跳槽的经历，又有一定的工作经验，很快就找到了现在这个工作。

访谈对象 15 因为工作上表现平平而选择了结婚生子，决定过踏实安定的生活，因此在对“三期”的时间进行安排时，主要考虑到了身体状况和家庭方面的因素。然而，工作方面的突然变化又使她措手不及，进退维谷，最终还是选择了放弃升职的机会，完成自己成为母亲的使命。而且考虑到今后在公司里发展的限制，她选择了辞职。女性作为生育行为的承担者，“因生育或照顾子女而自愿退出劳动力市场，处于既没有从事有偿工作也没有在读的阶段”，国内学者李芬（2015）称之为生育型职业中断。① 生育型职业中断会使女性的职业发展空间受到挤压，从而对女性的

① 李芬：《工作母亲的职业新困境及其化解——以单独二孩政策为背景》，《东南大学学报》（哲学社会科学版）2015 年第 4 期。

职业生涯发展产生负面影响。此外，如果生育型职业中断的时间过长，还可能引发女性向下的职业流动，或者说会减少向上职业流动的机会。诚然，女性在生涯发展过程中难免会面对一些突发的问题，我们无法未卜先知，但可以及早做出规划和管理。比如，访谈对象 15 的优势在于，在生育之前的 5 年间虽业绩平平，但没有跳槽的经历，而且注意了工作经验的积累，为育后重新就业打下了基础。知识女性在生育前在工作经验、人脉资源、专业技能优势等方面的积累，能够为女性在育后再次就业增加砝码。同时，控制生育型职业中断的时间，及时重返职场，减少向下职业流动的可能性，顺利完成育后职业生涯的转换。

在问卷调查中，对于“计划在生育前，形成自己在本领域内的专业优势，为育后重返职场打基础”（第 14 题），“休产假期间随时关注单位情况”（第 22 题）这两个问题，做出过规划的受试者分别占 69.2%和 60.5%。但是在实施的过程中却存在很多问题，比如有规划但没有实践，或规划不周、与现实状况不符，出现了二者的脱节。自我职业生涯管理不应仅仅停留在规划上，开发、调整则更为重要。失去了与现实的联系，细致的规划也只能是一纸空文。

此外，在前面的数据分析中，不同职业的知识女性在婚恋生育方面不存在显著差异，但是在访谈中我们发现了个别职业的一些特殊问题。

访谈对象 16（27 岁，大学本科，已婚，无子女，小学教师）：

> 我们学校有个不成文的规定，年轻教师想什么时候要孩子、要二胎①，得先到学校登记申请一下。……主要因为我们学校的年轻女老师太多了，年龄又都相差不大。现在又放开二胎了，如果那些比我们岁数大点儿的再要个二胎，二三十岁的“扎堆儿”生孩子，好几个人差不多一块儿休产假，那学校肯定就乱套了。

刚听到访谈对象 16 的讲述时，我十分惊讶。因为起初我认为女性的

① 这是日常生活中人们对于“二孩”的习惯叫法，即将“二孩”政策表述为生育“二胎”。而在现行计划生育法律法规中，准确的说法是“第一孩”“第二孩”，而不是“第一胎”“第二胎”。原因在于，一胎生下的不一定是一个孩子，有可能生育双胞胎或多胞胎。我国目前实施的“一对夫妻可生育两个孩子”的生育政策，准确地说，应称为“二孩”，而非“二胎”。

生育和工作密切相关，只是因为涉及职业生涯发展连贯性的问题，从未想过这一问题竟会牵涉学校和学生，以至于出现所谓“排队生育”的现象。随着“全面二孩”政策的落地实施，个别学校采用这样荒唐的方式，避免女性教职工因“扎堆”生育而出现“产假式缺员”。由此可以看出，工作中种种难以预料的情况的确对知识女性“三期”的时间安排提出了不同的要求。结婚生子本应是个人的私事，但是在面对职业生涯中出现的各种现实问题时，知识女性一方面应增强维权意识，维护自身的合法权益和切身利益；另一方面，也需要通过评估环境、权衡利弊，做好自我职业生涯管理，保持平稳的心态，结合工作环境的要求来调整自己的时间安排或做出相应的职业决策。

（二）是否生育“二孩”的安排

关于“二孩”的主题我们在第二章中已经展开，就“二孩”政策对女性职业生涯发展的影响进行了较为详细的综述。但是，当我们接触到身边真实、鲜活的案例时才发现，知识女性面临着比我们想象中更为复杂的情况，在生育“二孩”的问题上，不同经历、不同背景的知识女性有着自己独立的判断与思考。

访谈对象 17（38 岁，硕士研究生，已婚，育有两子，高校教师）：

> 我坚决要老二就是想给老大个伴儿。一个孩子太孤单，有个一起长大的兄弟，对孩子心智的发展有好处。累就累这几年，忍了。……我工作上还行，其实，工作和养俩孩子不矛盾。工作肯定要干，孩子也总要养，这和几个孩子没关系，关键看自己怎么把握吧。

经过与访谈对象 17 的深入交谈后发现，她入职后用最短的时间确立了在职场的地位：工作不到三年就被评为“教学新秀”，代表学校参加省里的讲课比赛，带学生外出参加技能大赛等，成绩优异。可以说在专业领域中是一位佼佼者。生育第一个孩子，完成第一个“三期”之前，已经是“教学新秀”，成为专业核心课程的主讲教师，职场地位不会因为职业生涯的临时中断而受到太大影响。访谈中，她说：“生老大之前我想过，如果生孩子前一直默默无闻的话，以后拖家带口的想要异军突起就几乎不可能了。现在，学校的新人层出不穷的，而且全都是硕士以上。”而生育二孩时，她已经是专业骨干教师，且之前两年成功竞聘为教研室主任。对她而言，专业领域内地位稳固，再次离开职场并没有后顾之忧，如她自己所说：“怀老二的时候反应挺大的，毕竟岁数不小了，我在家休养了一段时间。工作上的事儿我不担心，感觉能掌握得住，而且我住得近，产假的时候我还时不时回去看看。”访谈对象 17 的自我职业生涯管理意识非常强，而且思路清晰、目标明确。知识女性在生育之前，形成无可替代的职场优势，其工作经验、工作成绩相当于被“存档”或“定格”，不会因休产假、暂离职场而发生“贬值”。此外，随时关注组织动态，在产假结束后及时重返工作岗位，育前的工作经验、工作成绩相当于被“读档”或“重启”，助力后续职业发展，将职业中断的负面影响降至最低。正如前面提到的，问卷调查中的题目“计划在生育前，形成自己在本领域内的专业优势，为育后重返职场打基础”（第 14 题），此外还有“休产假期间随时关注单位情况”（第 22 题），对此做出过规划的受试者虽多，但真正在实践中稳扎稳打的并不在多数，而访谈对象 17 无疑是一个成功的范例。她排除万难也要生育“二孩”，不仅是为了给老大一个从小到大的玩伴，更重要的是为了孩子有挚爱的兄弟，懂得谦让、学会爱人、收获陪伴。这样的知识女性在生养“二孩”的过程中，由于有坚定的信念、充足的准备，即使遇到始料不及的困难、经历百般的辛劳，也依然勇于应对。

与访谈对象 17 不同，如果“二孩”发生在计划之外，知识女性又会如何把握自己的职业生涯呢？

访谈对象 18（37 岁，硕士研究生，已婚，育有一子一女，事业单位工作人员）：

> 其实，我家老二纯属计划之外，一开始真的没打算要……家里人说我产后抑郁，确实是情绪低落了很久，总感觉闺女分走了我对儿子的爱，觉得对不起儿子。但是随着闺女大一点儿，越来越可爱，兄妹俩牵着小手出去玩，我看着别提多美了……我现在除了上班，绝大部分时间都用来陪他俩了，儿子上小学了，闺女也会走了，省心多了，看着他俩健健康康、快快乐乐的，我知足了。

访谈对象 18 被突如其来的小生命打了个措手不及，从怀孕初激烈的思想斗争到女儿出生后的产后抑郁，其实也都反映了她对于计划外到来的“二孩”的一种焦虑。但这种状态是暂时的，也并未对其职业生涯产生影响。因为早期的职业生涯管理与其职业价值观相吻合，并为她应对突发状况奠定了基础。

访谈对象18的家庭观念非常强，工作于她而言是生活的一种支撑、一种生活方式的选择，家庭才是她的重心。怀老大之前，她曾在一家企业工作，高薪但工作强度大，离家也远。怀孕后，考虑到身体状况无法适应强度大的工作，也为了将来照顾孩子方便，她辞了职。之后全面考察了家附近一家事业单位的情况：薪资福利等比原单位差，唯一的优势是离家近。她毫不犹豫地报考并顺利被录用。被录用后4个月就生了老大，对她而言，事业单位是明智的选择。相比于过去工作的企业，该事业单位虽待遇略差，但工作强度适中，离家近，而且工作稳定，不会因为生育后暂离职场而被解聘，产假结束可以马上投入工作。像访谈对象18这样，部分知识女性为方便对家庭和孩子的照顾，尤其是生育“二孩”后，为平衡家庭和工作间的冲突，在进行职业生涯转换时，倾向于选择所谓的“母亲友好型”职业[①]。这种职业相对而言工作强度不大，作息时间规律，较少加班或出差，方便母亲对孩子的照顾。“母亲友好型”职业存在收入不高、发展空间狭小等弊端，这样的职业生涯转换看似是向下的职业流动，却符合部分知识女性的职业价值观。她们有清晰的自我认知，看重这种职业带来的稳定的生活方式。访谈对象18就是典型代表，如今她工作稳定，家庭幸福，而且在面对计划之外的“二孩”和职业生涯转换的双重压力时，其果断的职业决策也使职业生涯免遭负面影响。她虽然一直是一名普通的工作人员，也未见所谓的前途无量，但她所追求的工作稳定、照顾家庭却实实在在地如愿以偿。从访谈对象18的故事我们不难看出，自我职业生涯管理应与自身职业价值观相契合。并非所有人的目标都是功成名就，明确自身需求、在重要的关口做出正确的职业决策，会对整个职业生涯产生积极的效果。

访谈对象19（35岁，大学本科，已婚，育有一子，企业人力资源经理）：

我们家是个儿子，5岁了。我俩双独，早就可以再要一个。但我

① 李芬：《工作母亲的职业新困境及其化解——以单独二孩政策为背景》，《东南大学学报》（哲学社会科学版）2015年第4期。

不太想要，儿子健康可爱，感觉一个就很好了。……两个孩子，生活质量肯定会受影响，关键是精力达不到。我还想有点儿自己的生活，在事业上也能有收获，就一个宝贝儿，给他最好的不是更好吗？

访谈对象 19 是一家企业的人力资源经理，之前在另一家企业是普通员工。儿子 1 岁时，感觉在原公司没有发展，跳槽到了现在的公司，干得风生水起，很快就晋升为经理。“感觉被推着往前走，不得不努力。在这个过程中，也收获不少，干得越好，成就感越强，反而停不下来了。而且我觉得，我努力工作也能给儿子树立个榜样。”与访谈对象 18 相比，访谈对象 19 的生活重心更倾向于工作，担心生育“二孩”占用时间和精力，影响事业发展和生活质量。因为在经历之前的“三期”时，在原公司请假、休假时间较长，直接影响了个人发展，所以在哺乳期结束后辞职，选择了新公司。她与前面的访谈对象 17 同样看重职业发展，但访谈对象 17 在生育第一个孩子前就已经在职场为自己博得了一席之地，生育二孩之前的优势地位则更加稳固，并未因为两次职业生涯中断而受到影响。而访谈对象 19 在新公司工作刚满 4 年，正是发展的关键期，如果此时出现职业生涯的中断，其事业发展极有可能受到影响。因此，她选择努力工作，追求自我成长，收获成就感的同时也能通过“身教”为孩子树立榜样，为家庭创造更好的生活条件。

是否生育二孩是个人与家庭的自由选择，他人毋庸置喙，我们仅从职业生涯管理的角度进行分析。从以上三位访谈对象的经历中可以发现，她们年龄相仿，都处于“稳步发展阶段”①，但职场经历完全不同。这种不同源自她们具体自我职业生涯管理的区别。但三位知识女性的相同之处在于，有较强的职业生涯管理意识、清晰的自我认知、明确的发展目标、准确的职业决策。她们将生育二孩与自身的职业发展相结合，或侧重于家庭，或侧重于工作，或二者兼顾。根据自身需求、能力、成就动机、职业价值观、目前职业生涯的发展态势和发展前景，做出了适合自己的选择，因此，她们具有较强的自我效能感和较高的角色满意度。

以上三位知识女性清晰明朗的发展思路值得我们学习借鉴，但访谈对象 20 的做法也应引起我们的重视与反思。

---

① 见第一章第三节中的“结合我国国情的职业生涯发展阶段的划分”。

访谈对象20（41岁，大学本科，已婚，育有一女一子，国企员工）：

> 原来一个女儿挺好，都上初中了，也很听话。但后来政策放开了，公公婆婆就催着再生一个，想要个孙子……我现在真是天天灰头土脸，屁滚尿流的……我工作那边倒不是很忙……以前算是业务骨干吧。怀孕以后经常请假，领导也不好说什么，这几年明显觉得好像慢慢被挤到边儿上了，重要的任务领导不再找我了。行啊，我落得清闲，照顾好孩子吧。

从访谈对象20的话语中，听到的更多的是“无奈”，一种对生活、对工作“失控”的状态。“原来干得挺好，曾经准备提办公室副主任来着，我没太上心，因为基本没啥竞争对手，也正赶上家里催着要二胎，心烦意乱的。”访谈对象20原本处于对生活、对工作都比较满意的状态，家人的催促打破了这种平静，或称为平衡。我们不难看出，无论在工作中，还是在生育二孩的问题上，访谈对象20都是处于被动地位的。她并未从自身的整体发展、工作家庭的平衡出发考虑是否生育二孩。而是将工作、生活割裂开来，分别应对，疲于应付。可以说，女性生育和抚养的角色原本就会使她们育后在职场中处于劣势，如果没有职业发展的全局观，缺乏职业生涯管理，会因此遭遇职业发展的“玻璃天花板”。在生育后，女性对家庭的投入较大，对工作的投入相对减少，这时，组织的管理者会对其工作绩效重新进行评估，甚至产生具有偏见性的判断，进而影响女性在后续职业生涯中的职务晋升、薪酬福利等重要方面，有的则可能被重新安置工作岗位。访谈对象20的情况便是如此，其职业生涯管理意识比较淡薄，“兵来将挡，水来土掩”，就事论事，致使其与难得的晋升机会失之交臂，家庭生活也疲惫不堪。没有用发展的眼光看待职业生涯，没有自我职业生涯管理，“走一步，看一步”。原本可以步步为营、准确把握的职业发展变成了被动的“随遇而安”。

在过去“只生一个好”的计划生育政策背景下，企业或组织更青睐已经生育的女性，因为不需要再承担生育成本。而在“全面二孩”的新政策背景下，已育一孩的女性仍然存在二次生育的可能性，企业或组织则会重新评估已育女性的雇佣成本，从而可能强化女性就业时的性别歧视，给女性发展设置隐性障碍，导致已育女性在职场生存环境中遭遇新的挑战。根据本书结合我国国情的职业生涯发展阶段的划分，女性生育二孩的时间段，正是职业生涯中的“稳步发展阶段”，即27—45岁，是女性精进专业技能、形成自身优势、稳步发展的黄金时期，此时的工作投入具有事半功倍的效果。但同时这一时期又与“职业中期危机阶段”① 有重合。也就是说，一旦职业生涯管理不当、职业决策不力，错过机遇期，就很难突破发展“瓶颈”，实现质的飞跃。对知识女性而言，如果在这一阶段选择生育二孩，则会导致在发展的关键节点出现职业生涯的二次中断。此时，知识女性的自我职业生涯管理就显得尤为重要，它直接关系未来职业流动方向及职业目标的达成。因此，知识女性必须在进行充分的自我认知和环境认知的前提下，结合自身需求和环境条件，审慎考虑是否生育二孩以及育后的职业生涯衔接等问题，对生涯发展相关步骤的时间顺序、方向和策略等做出合理、有效的计划与安排。

第五节　知识女性的成功探索

Betz和Fitzgerald（1987）以及Fitzgerald和Betz（1994）研究发现，女性并不总是将自身的成功看得很重要。尤其在传统社会，女性将做妻子、女主人、母亲看得比自己的成功更为重要。② 而随着知识经济时代的飞速发展，女性的文化水平不断提升，增强了主体意识和实现自我、追求成功的需求，提高了参与发展的积极性。知识女性如何理解成功、怎样探索成功是这一部分研究的主题。

一　知识女性对成功的理解

访谈对象21③，毕业后在父亲的安排下进入一机关单位工作，一直比较稳定，最近决定考研。当被问及考研的原因时，她说：“我现在的工作太平淡了……想换个工作，可是我的工作经历和学历，找个好工作也不是那么容易的，所以就想到考研，我不想这么庸庸碌碌地过下去，然后就结

① 见第一章第三节中的“结合我国国情的职业生涯发展阶段的划分”，职业中期危机阶段是35—45岁中的某个阶段。

② Sharf, R. S., *Applying Career Development Theory to Counseling*, California: Brooks/Cole Publishing Company, 1997, p. 52.

③ 访谈对象21，27岁，大学本科，未婚，机关单位工作人员。

婚生孩子，有了孩子以后就更没什么精力学习了，现在不搏一把将来肯定得后悔。”

她大学时就是个很有上进心的女孩儿，用老师的话说，天资虽不算聪明，但是有股让人佩服的韧劲儿，交给她做的事情她总能高质量地完成。对于这样一个女孩儿，空虚平淡的工作自然会使她倦怠。依据她的职业价值观，她希望从工作中获得充实感、成就感，实现个人价值，而现在的工作恰恰不能满足她的职业期望和心理需求，使她无法感受到自身的意义和价值，缺乏存在感和自我效能感，因而感到焦虑、迷茫，工作动力不足。访谈中，当被问及刚工作时对未来的计划时，访谈对象 21 表示对自己的职业生涯有过设想，虽然并不明晰，用她自己的话说，是有个“大概的方向”。在实际的工作生活中，她发现原有规划与自身需求不和谐，于是想借助于考研改变原有的生涯轨迹，对最初的目标做出修正。这是她自我职业生涯管理的一种方式，也是她为探索成功做出的重要决定。由此可见，以访谈对象 21 为代表的部分知识女性，她们具有较强的自我实现的需要，将成功解读为充实感、成就感、自我价值感。当工作性质、工作内容、晋升空间、发展前景等因素符合其职业价值观，与她们对成功的理解相协调时，就能极大地激发其内部成就动机，成为她们勇于追求、克服困难的强大动力。反之，则会出现类似访谈对象 21 的上述情况。而此时，自我实现的需要作为强大的内驱力，会促使她们积极寻求突破困境的方式和途径，主动进行职业生涯转换，并为之不懈努力。

调查结果显示，各种不同背景的知识女性在成功探索方面存在显著差异，她们对于成功的理解是不同的。访谈对象 21 的观点只是代表了其中一部分知识女性。在访谈过程中，还听到了另一种观点。当被问及对未来的打算和对成功的理解时，下面这位访谈对象的回答对这种观点具有一定的代表性。

访谈对象 22（38 岁，大学本科，已婚，育有一女，公务员）：

> 我日子过得很安稳，虽然挣得不多吧，但也算是“小康”水平了。孩子学习不错，也不打算再要二胎了。那口子也算是有点本事，三口过得挺舒服的，我觉得这也算成功吧。努力工作为了什么，不就为了生活幸福嘛！工作上很辉煌，家里都顾不上，感觉不到幸福，那是图个啥嘛！

访谈对象 21 与 22 对成功有着不同的理解。这与她们的个人背景有关，访谈对象 21 未婚，访谈对象 22 已婚且有子女，她们在生活中、在家庭中的角色是不同的。通过数据分析发现，未婚和已婚的知识女性在成功探索方面差异显著，对成功有不同的理解，在这里得到了印证。访谈对象 21 尚未组建自己的家庭，她希望在结婚生子之前，在时间和精力都比较充沛时，能在事业上有所发展。而访谈对象 22 作为家里的女主人，对上要照顾老人，对下要抚育孩子，丈夫工作忙碌，也需要由她来照顾饮食起居，所以能够胜任家庭赋予的责任，使家庭保持安定和谐，是她在发展过程中最看重的内容，是她生活的主题。与访谈对象 22 观点类似的知识女性，如访谈对象 18①，她们的自我职业生涯管理大多是家庭导向的，她们需要工作稳定，为家庭提供保障。问卷调查的结果也印证了这一点，55.6%的受试者认为“只求保持工作稳定，为家庭生活提供保障”符合自己的情况，54.1%认为“我的成功就在于家庭的和睦、丈夫的成功、孩子的健康成长”。知识女性重视精神和经济上的独立性，但社会的快速发展和变革使她们缺乏足够的安全感，生活节奏的加快、就业竞争压力的增大，使她们对生活的安定更加重视。工作作为经济保障，在生活中不可或缺，但家庭始终是她们生活的重心，相夫教子，享受家庭的宁静、和谐、幸福是其成功所在。

二　知识女性探索成功的方式

从前一节可以看出，有的知识女性倾向于将事业发展视为成功，而有的则认为女性的成功在于家庭的稳定祥和。由于我们所研究的是与工作息息相关的自我职业生涯管理，因此这一节所说的“探索成功的方式”，主要是指将事业发展作为奋斗目标这种意义上的成功。

访谈对象 23 是个工作时间不长，但在职业发展方面进展很快、很顺利的女孩。周围的同事、朋友都说她运气好，“傻人有傻福”，但从她的经历中，我们能够解读出她在追求成功的道路上所付出的努力和如今的收获其实是成正比的。

访谈对象 23（28 岁，硕士研究生，未婚，医生）：

① 访谈对象 18 在“是否生育‘二孩’的安排”部分曾出现过：37 岁，硕士研究生，已婚，育有一子一女，事业单位工作人员。

刚毕业的时候我的学历在我们单位不算低的，但是临床经验肯定是不如人家那些年龄大一些大夫，肯定得虚心学啦……其实要说真正大的转折还是从去年流感大暴发的时候……我寻思咱年轻，我就申请多加几个班……可能就因为那次，我之后评上了先进，全院表彰，单位还发展我入党……今年又同意我在职考博，给我提供条件，确实把我美坏了。

在与访谈对象23交流的过程中，她的脸上始终洋溢着笑容。从毕业工作到准备考博，一切对她来说都是充满了希望和喜悦的。在既有成绩面前，她希望自己保持平和的心态，是为了能更好、更持久地发展。其实，我们从她的经历中细细体味，她事业发展的顺利是有缘由的。

首先，在工作之初，因具有较高学历，知识储备是其重要优势，同时也充分认识到自身初入职场的局限与不足，虚心向年长的医生请教。不仅注重技能的积累与提升，还与同事也建立了良好关系，为职业发展奠定了知识技能与人际支持的坚实基础。

其次，在工作强度极大的流感爆发时期，能够挺身而出，既尽到了一名医生的职责，也把握住了难得的发展机遇，从而脱颖而出，逐渐从一个刚刚入院的年轻医生成了医院重点培养的人才。在这一过程中，组织的认可、支持与培养内化为心理感知，使她获得了极强的组织支持感和职业满足感，进而激发了其成就动机与自我效能感。在此前提下，通过利用组织支持搭建的发展平台，适时对职业生涯规划进行评估修订，对发展目标做出调整和完善。积极进行自我开发，计划在职考博，在提高自身的知识、修养和水平的同时保有目前的工作，为实现职业成功创造条件。

当她谈及自己未来的规划时，她说："我也说不上有什么规划之类的……我主要一直记着我爸跟我说过的一句话：做着现在的事，要想好了下一步该干啥。"访谈对象23的话给了我很大启发。在访谈的过程中，不少女性抱怨自己的发展机会少、福利待遇差等，但是忽视了自身能力的提高、工作经验的积累以及良好人际关系的培养，对职业生涯缺乏有效的管理措施。而访谈对象23把自己"下一步该干啥"的想法落到了实处，硕果累累也是理所应当。

第六节　知识女性的工作家庭平衡

职业生涯既包括一个人经历的各种职位，也包括工作过程中各种复杂的心理体验。这种心理体验不仅来自工作本身，也来自工作环境和家庭生活对工作的影响。① 因此，我们在对知识女性的职业生涯进行研究时，不应将工作本身和家庭完全割裂开来，而应当注重对二者之间关系的处理。

一　知识女性是否存在工作家庭冲突

知识女性是否存在工作家庭冲突（Work-Family Conflict），对于问卷第 20 题（在工作和家庭中，我能很好地进行协调，很少感到内心冲突）持两种相反观点的知识女性的比例非常接近。选择完全不符合的占 9.1%，而选择完全符合的占 6.4%；选择不太符合与比较符合的分别占 28.8%和 27.1%；此外，选择不能确定的占 28.6%。以下就是一些不同的观点。

> 访谈对象 14②：工作和家庭有时候是有冲突的，可我觉得它们也是互相支撑的。比如说，有的时候工作上不顺心了，累了，回到家，家里人能给我很大的安慰……可还有的时候呢，为了家里鸡毛蒜皮的事儿头疼，坐在办公桌前面，又能让我静下来……冲突归冲突，但也能互相补充，什么事不都是两面的嘛。

访谈对象 14 在家庭中收获的是温馨、甜蜜，是心灵的慰藉，体验着作为妻子、母亲的种种欢喜与烦恼。而在工作中，除了获得生活的保障，更多的是体现了自身的价值，在家庭之外，又拥有了另一番有意义的人生经历。这两种经历相互交融、彼此支撑，虽然有时会给生活带来一些困惑和麻烦，但她经历并体味着这样一个过程。访谈对象 14 看到了事情的两

① Hall, D. T., “A Model of Coping with Role Conflict: The Role Behavior of College-Educated Woman”, *Administrative Science Quarterly*, No. 17, 1972, p. 471.

② 访谈对象 14 在前面的“婚恋生育”部分曾出现过：30 岁，大学本科，已婚，育有一女，国企员工。

面性，以自己良好的心态去理解冲突，缓解压力。换一个视角去看待同一个问题，使工作和家庭不是互相干扰，而是互相补充。家庭环境与工作环境对知识女性的心理成长和职业发展都具有举足轻重的作用，如果能将二者有机结合，使其进行相互的情感渗透，那么知识女性在这一过程中所获得的资源与情感的积累能够转化为积极的心理资本，又反过来助力工作绩效和家庭幸福感。在这种情况下，知识女性能够明确感知到工作与家庭的相互促进作用，更容易形成健康的心态，并基于良好的心理建设，自信地平衡工作与家庭，对未来发展充满信心与期待，即使身处逆境也有全力化解矛盾的信念和动力，从而更好地塑造自我，在工作和家庭中实现自身的双重价值，收获双倍的成就感。

> 访谈对象8①：我觉得有冲突。原先在公司干的时候特别忙，没时间照顾孩子，一般都是我婆婆帮我们看，家里的活也都是她帮着操持，后来我考研那段时间，虽然不工作了，但是天天得忙着复习看书，还是得老人帮忙。觉得挺过意不去的，不过当时幸亏有家里人帮忙。
>
> 访谈对象10②：我现在对这种冲突的感受不太强，不过年轻的时候有，那时候一边忙工作，一边还得带孩子，忙里忙外的。我们家老头子整个一甩手掌柜的，确实把我累得够呛。
>
> 访谈对象20③：冲突当然有，主要是有了儿子（二孩）以后……现在大的小的我一手带，老公忙一天累得回来啥也不干，我又得辅导作业，又得喂奶哄睡。白天我也得上班啊。

关于工作家庭冲突的研究始于女性职业化时代的到来，女性由传统的贤妻良母角色转变为工作与家庭中的双重角色。知识女性作为具有较高文化层次的女性群体，一方面追求良好的事业发展前景，积极寻求自我实

① 访谈对象8在前面的“学习深造”部分曾出现过：35岁，硕士研究生，已婚，育有一子，高校教师。

② 访谈对象10在前面的“学习深造”部分曾出现过：50岁，大学专科，已婚，育有一子，中学教师。

③ 访谈对象20在前面的“婚恋生育”部分曾出现过：41岁，大学本科，已婚，育有一女一子，国企员工。

现；另一方面重视为人妻母的家庭角色，希望对家庭、对子女悉心照料。当来自双重角色的矛盾难以调和，或其中一方面失衡时，知识女性便会感受到角色困惑与双重压力，陷入工作家庭冲突。正如访谈对象 8 和 10 所说的，事业刚起步、忙于学习、孩子小、没有人帮忙料理家务，致使她们感受到工作家庭冲突。而随着职业发展进入维持阶段，一切状况都趋于平稳，这种冲突似乎不再显现，却又可能面临新的问题。如访谈对象 20，平衡被二孩的到来打破，工作家庭冲突再次出现。随着“全面二孩”政策的实施，作为生育主体的女性，其职业发展的成本与不确定性再次增加，进而导致工作家庭冲突的进一步加剧。如果选择生育二孩，出现工作家庭冲突的阶段将有所延长或重现。

当知识女性的工作压力、工作投入较大时，其家庭角色便会面临挑战，生活满意度、主观幸福感将受到影响。而且，当知识女性处于不同发展阶段时，面临的工作家庭状况也是不同的。因此，要根据职业发展态势和家庭情况审慎决策，并对职业生涯实施分段管理。在不同阶段工作和生活各有侧重，是针对该问题较为有效的管理措施。

在访谈过程中可以发现，对工作家庭冲突感受较深的主要是已婚、有子女的知识女性。在与未婚或已婚无子女的知识女性的交谈中，她们仅仅谈到了对这一问题的观点和设想，对于冲突的感受并不明显。比如，“我现在还单身就是想多自由几年啊，成了家肯定事儿就多了，冲突恐怕难免，趁现在还能想干啥干点儿啥”①；“我感觉还好吧，现在还没什么冲突，可能主要是还没有小孩儿吧，我俩各忙各的，家务谁有空谁干，没空就周末再说”。② 这与问卷调查中未婚和已婚、无子女和有子女的知识女性在该方面存在显著差异的情况比较符合。但是，我们还发现，即将走出校门的女大学生虽然也是未婚，却同样感受到了心理的冲突和压力。

访谈对象 24（23 岁，未婚，大学四年级学生）：

> 我现在心里就很冲突。一方面想出去闯闯，外面的机会多嘛，可是又不想离家远了……更何况我又是家里的独生女，将来父母只能指望我了，我不舍得离他们远了……他们为我辛苦了大半辈子，我扔下

① 引自与访谈对象 9（23 岁，大学本科，未婚，公司职员）的访谈记录。

② 引自与访谈对象 4（29 岁，大学本科，已婚，无子女，公司职员）的访谈记录。

他们不管，那我也太没良心了。

从访谈对象 24 的话中可以发现，这一年龄段的知识女性虽然并未成家，但在工作和家庭之间也存在心理矛盾。与已婚知识女性相比，她们虽然阅历、处境不同，但都对工作和家庭有充分的考虑。像访谈对象 24 这样，她的困惑不是工作和家庭之间的协调管理，而是择业时的去向。一面是照顾父母的责任，另一面是对外面世界的渴望，这一选择不仅是她们在家庭与工作之间的权衡，同时也是她们向未来的发展道路迈出的关键一步。对她们而言，这种冲突不亚于已婚知识女性在事业和家务之间的徘徊。对于大多数未婚知识女性而言，工作家庭冲突并不明显，但是当她们处于一个特殊的阶段，比如择业时，同样需要面对工作和家庭的平衡问题。

二 知识女性平衡工作和家庭的方法

通过数据分析可以知道，在工作家庭平衡方面，未婚和已婚、无子女和有子女的知识女性存在显著差异。未婚者、无子女者因为家庭的干扰因素少，有更多的精力用于工作，平衡起来相对简单。而已婚的、有子女的知识女性处于双重角色当中，面对双重期待，真正需要在工作和家庭之间进行协调。访谈对象 15、访谈对象 17 和访谈对象 25 的平衡方式比较具有代表性。

访谈对象 15（32 岁，大学本科，已婚，育有一女，公司职员）：

> 我和老公双方的父母没法帮我们照顾孩子。生下宝宝之前，老公就请了个保姆……在家休息了一年多以后，我想来想去还是应该重新工作赚钱……工作之后，压力的确非常大，但可能是因为当了妈妈的原因，我反倒比原来更自信了……我们还是一直请保姆带孩子。现在，两份收入足够应付我们的开销啦，我很珍惜现在，希望能一直这样过下去，事业家庭两不误。

访谈对象 15 在“婚恋生育”的“婚后生育时间的安排”的讨论中曾经出现过，她为了生育宝宝放弃了升职的机会，为了减轻丈夫的负担在育后又选择了重新就业。做了母亲之后，她更加成熟稳健，加上过去良好的业务功底和人际关系，很快再次步入了职业发展的正轨。而在家庭方面，则是由保姆来分担家务，从而做到了事业家庭两不误，很好地协调了工作和家庭。将工作家庭冲突转变为工作家庭促进，即从双重角色的某个角色中获取的资源和情感积累，能有效促进另一角色的表现或状态。访谈对象15是将母亲角色投入过程中所获得的积极心理感受，转移到工作中，实现了积极心态的渗透，使工作和家庭实现了良性平衡。知识女性从工作家庭促进中获得心理资本，如自尊、自我效能感、和谐的关系、坚韧乐观的心态等，会使她们在工作和家庭两个领域均受益，获得更高的工作满意度和家庭幸福感。

访谈对象17（38岁，硕士研究生，已婚，育有两子，高校教师）：

> 要说没有冲突那是假的，虽然我坚决要俩娃，但这里面的辛苦我很清楚。现在老大基本不太用我操心，从小让我锻炼得挺独立的。我现在的精力主要在老二身上。雇了阿姨帮忙，我婆婆偶尔过来帮着做做饭。我老公每个月回来能住几天，干点活儿，其实总体来说也还可以。工作那边按部就班……主要是搞科研现在没太有时间，受点影响。

访谈对象17在“婚恋生育”的“是否生育‘二孩’的安排”部分的讨论中曾经出现过。她在工作中出类拔萃，在家庭生活中，排除万难也要生育二孩，承受着其中艰辛，可也享受着个中乐趣。在她看来，工作家庭冲突是存在的，但可以通过“分段管理，各有侧重”来协调。前面我们曾分析过，她在两次生育之前都已经有计划地在工作领域中赢得了稳固的位置和优势，前期以工作为中心，为自己打下了坚实的基础，也使她如今能够从容选择在孩子年幼时以家庭为主，化解工作家庭冲突。这样的自我职业生涯管理，使她不会因生涯的临时中断或短期重心的偏移而影响职业发展。访谈对象17言传身教，注重孩子独立性的培养。在生育二儿子后，独立、懂事的大儿子分担了她的辛苦。同时，钟点工和家人的帮助也减轻了她的工作家庭冲突。也就是说，在平衡工作和家庭时，在家庭方面可以积极寻求相应的社会支持，如以配偶、祖辈为主的家庭内部支持或专业育儿服务等。女性的家庭负荷相对减轻，能有效缓解工作家庭冲突，提升主观幸福感。反过来，主观幸福感越强，冲突感越小，二者相辅相成。其实，工作和家庭之间的关系并非只有冲突、矛盾和竞争，还存在积极的工作家庭促进。无论是工作促进了家庭还是家庭促进了工作，只要二者能实现有效地资源共享和积极的情感渗透，都能转化为知识女性心理资本的积累，从而促进其有效地自我职业生涯管理，应对职业发展中的问题与挑战，保持积极乐观的工作态度，激励知识女性实现自我价值。

访谈对象 25（53 岁，大学专科，已婚，育有一女，会计师）：

> 那时候我闺女小，每天晚上把她哄睡了我才能静下来学习，一学就学到两三点，第二天还得一早起来上班。幸亏孩子她爸很支持我，每天早上都是他一大早起来做饭，送孩子上学，我到现在都很感谢他。他进修那段时间我也给他做好后勤，我忙的时候他主内，他忙的时候我主内。两口子嘛，互相扶一把也就过来了，谁都不容易。

访谈对象 25 讲述了年轻时和丈夫互相扶持的故事。夫妻双方年轻时在工作方面的表现都很突出，为了能有更好的发展，他们都参加了自学考试。但当时，他们的女儿刚刚上小学，无论学习上还是生活上对父母都很依赖。这样，一边照顾孩子、一边工作、一边进修，三件重要的事情同时负担，确实存在一定的心理冲突。但凭借着夫妻之间的关爱与理解，他们彼此鼓励，在工作和家庭之间进行了很好的协调。在一段时间内，一方忙于学习，另一方则打理家庭事务。每个阶段有主有次，分工合作。实际上，这就是我们所说的夫妻双方职业生涯的统合设计，互相补充，彼此支撑。当然，这种工作、学习和家庭的良好平衡，不是她一个人的功劳，丈夫也做出了很大的牺牲。用访谈对象 25 的话来说“互相扶一把也就过来了，谁都不容易”。她还告诉我，她把自己的心得传授给了女儿，希望女儿不仅能学业有成，也能有经营家庭的智慧。

从上面三位访谈对象的话语中我们可以总结出，她们平衡工作与家庭的方法主要有：实行分段管理，在不同的发展阶段，工作家庭各有侧重；借助于父母或家政人员的帮助，缓解照顾孩子等家务带来的压力；夫妻双方实行双职业生涯设计（职业生涯统合设计）。前两种方法在知识女性中运用得较为普遍，但夫妻的双职业生涯设计还并不多见。双职业生涯设计，就是在夫妻双方的职业安排、职业发展关键期等方面进行统一考虑，减少夫妻双方的冲突，成为双事业型夫妇（Double Career Couple）。① 当夫妻双方工作性质相同或相近，同时处于职业发展关键时期的情况下，进行双职业生涯设计更是非常必要的。双事业型夫妇由于都有追求，都有事业，更能相互理解、相互体贴、相互支持，因而也有助于家庭的稳定。②

本书通过个人访谈和参与式观察，收集到了大量生动的资料，并采用类属分析和情境分析对资料进行了整理、分析和讨论。有的访谈资料对前面的问卷调查结果提供了支持，比如未婚和已婚知识女性在成功探索方面的差异显著，前者得分高，说明主要以工作为导向，积极探索事业的成功，后者得分低，对事业的付出相对较少，主要将工作视为家庭的保障。通过访谈我们对这一结果进行了验证，访谈对象的话语使我们的数据分析结果变得更加鲜活，更具说服力。还有的访谈资料则对数据结果做出了解释和澄清，比如不同学历的知识女性在婚恋生育方面差异显著，那么这种差异究竟是什么，她们各自面临着怎样的问题？通过对访谈资料的分析，我们发现高学历女性的择偶和知识女性对成家立业的理解及其时间安排不同。此外，一些访谈资料还为数据分析提供了反例，对原有研究结果做出了补充和扩展。比如，不同职业的知识女性在学习深造方面存在显著差异，其中以学生的得分最高，说明学生对学习深造关注程度高，投入精力大。但通过访谈我们知道，不少女大学生对深造的选择比较盲目，没有对整个职业生涯进行系统的规划，而仅仅是为了考研而考研。她们表现出的是对学习深造的重视，但同样也暴露出其中存在的问题和隐患。

这些访谈资料对数据分析无论是提供了支持还是补充，都是为了使我们的研究尽可能全面、完整地呈现出当代知识女性自我职业生涯管理的现实情况，了解她们的具体管理方式，并及时发现存在的问题。

第七节 知识女性自我职业生涯管理综合分析

在前面五节中，我们分别从职业选择、学习深造、婚恋生育、成功探索和工作家庭平衡五个维度呈现了知识女性自我职业生涯管理的现状，每

① 吴贵明：《中国女性职业生涯发展研究》，中国社会科学出版社 2004 年版，第 60 页。

② 吴贵明：《中国女性职业生涯发展研究》，中国社会科学出版社 2004 年版，第 60 页。

一节从一个维度切入，分别从不同的侧面对知识女性的现实情况进行了分析。本节我们从访谈对象中选取了三个较为典型的案例（为与前面的访谈对象做出区分，此处访谈对象用 A、B、C 表示。因篇幅所限，案例详情参见本书附录 2-3），从整体视角出发，对知识女性的自我职业生涯管理进行分析。

一 访谈对象 A 的舞蹈生涯①

简介：访谈对象 A（以下简称 A），37 岁，在职硕士，已婚，育有一女，舞蹈演员。A 从小热爱舞蹈，周末和寒暑假在艺校接受专业舞蹈训练，艺校老师建议她小学毕业报考艺术学校，但父母尊重 A 的想法，按部就班地完成了初中、高中的学习，学习、舞蹈两不误。高考时考入舞蹈学院，毕业后进入歌舞剧院工作。26 岁结婚，28 岁怀孕时虽正值舞蹈演员的黄金年龄，她仍选择生育孩子，向歌舞剧院申请了一年半的时间休养。她边待产边加强舞蹈理论学习，次年女儿出生，产后仍坚持理论学习，同时进行恢复性训练。在家人帮助下，在孩子六个月时逐步回归职场，以时间为线索制订了一系列发展计划，且稳步实践。同时，每天抽出时间陪伴孩子，努力做到工作家庭两不误。

A 热爱舞蹈专业，不放弃对基础文化知识的学习。理论知识稳扎稳打，专业技能逐步精进。在强烈的职业兴趣的指引下，其职业选择、职业决策积极果断，方向明确。就知识女性的自我职业生涯管理而言，A 无疑是一个成功的案例，她做到了以下几方面。

第一，客观的自我认知，准确的职业定位。

早在求学期间，A 就对自身特长、发展需求有清晰的认知，努力做到文化课学习和舞蹈专业训练两不误，成功考入舞蹈学院。之后，她在就业时能够充分分析自身优缺点：身高只有 162 厘米，在舞蹈队里，这样的身高不具优势，但自己的身体比例协调，舞蹈基本功扎实，缺点可以得到一定程度的弥补。在学历方面，自己具有本科学历，且毕业于名牌高校，在知识基础、理论水平和专业技能方面优势明显。凭借客观的自我认知和准确的职业定位，A 成功进入热爱的领域，并将舞蹈作为终生追求的事业。

第二，自我认知与环境认知相结合，评估职业发展机会。

① 案例详情见附录 2-3 中的访谈对象 A。

在“三期”结束重返职场前，A 对个人志向、自身条件和外部环境进行了全面评估。她不仅充分地考虑了职业目标、成就意愿，分析了自己的性格特点、知识基础和专业能力，还了解了外部的社会环境、歌舞剧院当时的组织结构、发展态势、人员分配、人际关系等，评估自己再次进入职场的发展机会。

成功的自我职业生涯管理，既要客观地分析自我和认识自我，同时又需要客观地认识外部环境。只有将自己的实际情况与环境认知相结合，才能够对职业发展做出客观的评估，从而以此为基础实施发展策略，赢得发展先机。

第三，暂离职场不松懈，提升实力为重返职场做准备。

对于女性而言，怀孕期、生育期和哺乳期将导致职业生涯的中断，但 A 的自我职业生涯管理从未中断过。育后由于身体原因，不方便进行舞蹈技能的训练，却可以通过阅读书籍，进一步丰富舞蹈理论知识储备，在重返职场前准备就绪，做到胸有成竹，同时也为职业生涯的进一步发展奠定良好的基础。

职业发展的过程是一个不断学习和自我开发的过程，在这样一个终身学习的时代，要获得职业成功，需要不断更新知识、提升能力，才能保持自身的职业竞争力，即使暂离职场，也不会被飞速发展的时代所淘汰。一个人的职业成功离不开勤奋与机遇，而机遇往往会眷顾有准备的人。自我职业生涯管理促使我们在职业发展过程中成为有计划、有准备、有条不紊、有的放矢的职场佼佼者。正所谓“备”则“倍”，有所准备才会事半功倍。

第四，制定务实的阶段性目标，并进行动态管理。

A 在重新回到职场之前，通过深入分析自己的发展目标、内外部条件等，为职业生涯制订了分阶段的发展目标：一年之内（29 岁）重返职场；三至五年内（35 岁之前）在专业领域稳扎稳打，并争取深造；五至十年内（40 岁之前）在专业领域有所建树，并能够兼顾事业和家庭；十二年之后（40 岁之后），转至幕后，以不同的方式诠释舞蹈。在 34 岁时，A 已经完成了前两个阶段性目标，且对后续发展充满了动力与自信。

制订合理、务实的发展目标是自我职业生涯管理的重要一环。职业发展目标可以分为短期目标、中期目标与长期目标，它必须是符合自身条件的，明确的、务实的、可以衡量的，并需要对目标实现的时间范围进行限定。在目标确立之后，便是稳步实施，并进行动态管理。因为职业生涯发展是一个动态的过程，存在诸多影响因素，有些因素是可以预测的，而有些因素则是无法预知的。随着职业生涯的发展和外部环境的变化，我们需要适时地调整、修订发展目标，使之更加客观、更加符合自我发展的态势和社会发展的要求，从而促进自我职业生涯管理的有序进行，实现职业成功。

二 访谈对象B的“带娃”生涯[①]

简介：访谈对象B（以下简称B），29岁，大学本科，已婚，育有一子，幼儿园生活老师。B在学生时代虽非名列前茅，却勤奋努力、积极上进。大二时结识男朋友，主动展开追求。考研以3分之差未考取钟爱的学校，因男朋友在山东济南硕博连读，她便在此求职就业，以执着和真诚赢得第一份工作，很快站稳了脚跟，并于工作的第二年结婚。次年生育儿子，两人工作繁忙，无人帮忙照看孩子，考虑到丈夫的发展前景更好，B毅然选择了辞职，全力照顾家庭。孩子初入幼儿园经常生病，便暂缓了二孩计划。同时，得知幼儿园招聘生活老师，出于方便照顾孩子的考虑，决定再次就业，并全身心投入工作。

从与B的交谈中不难发现，她乐观开朗、积极向上，无论做什么事，都尽最大的努力。相比于访谈对象A的家庭事业双丰收，B的经历似乎并不那么“出彩”，没有事业的蒸蒸日上、硕果累累，更多的是为家庭的默默付出、静静守护。从她的生涯发展历程看，这些闪光点给我们留下了深刻印象。

第一，主动争取，全情投入。

从学业上的努力，到对爱情的追求，再到求职时的执着，B时刻表现出的是自己的真性情。无论什么事情，只要使她感受到有努力的价值，就勇敢地主动争取，并在整个过程中，全身心地投入，付出自己最大的真诚与努力。学生时代学习成绩虽不是名列前茅，却刻苦勤勉，对自己严格要求，不给学业留下遗憾；恋爱时期勇敢追求自己的幸福；求职过程虽艰辛坎坷，但凭借着自己的主动热情、脚踏实地、务实拼搏，在职场上赢得了一席之地。因为这份投入，初入职场的她便收获较高的工作满意度和家庭

---

① 案例详情见附录2-3中的访谈对象B。

幸福感。

第二，甘于牺牲，敢于尝试。

为人妻、为人母的B，一直是以家庭为生活的重心。虽然有一份得心应手的工作，但当她面对辛苦的丈夫和需要照顾的儿子时，她心中的天平还是倾向于家庭，坚定地辞去了工作，支持丈夫的事业，悉心照料年幼的孩子，成为强有力的家庭后盾。全职带娃的她，虽然也有烦恼和抱怨，但逐渐学会了调整，懂得感恩，与丈夫共同创造了和谐温馨的家庭氛围，为孩子营造了良好的成长环境，并且为生育二孩做好了计划。

当再次遇到工作机会时，幼儿园教师这一“母亲友好型”职业，满足了B兼顾家庭和工作的心理需求，虽然专业不同、待遇不高，但她勇于为了孩子和家庭尝试跨专业领域的职业生涯转换。在全新的工作环境中，她直面挑战，不断磨合，逐渐适应，以极大的爱心和耐心对待班里的孩子们。虽然辛苦，但她在工作中收获了充实感与价值感，也成功帮助孩子适应了幼儿园生活，使她的角色满意度进一步提升。

初入职场时，B为站稳脚跟、谋求发展而敢闯敢干。而再入职场时，无论是牺牲还是尝试，她的出发点都是为了孩子、为了家庭。B对生活的热爱、对家庭的用心令我们印象深刻。孩子的快乐、家庭的和美便是她对成功的解读，而工作则是生活的辅助，没有过多的规划或管理。以家庭为轴心，出现任何问题和困难就针对性地解决，随遇而安。其实，以B的工作能力，通过有效的自我职业生涯管理，是可以兼顾职业发展与家庭事务的。因此，我们认为在自我职业生涯管理方面她需要改进以下几方面。

第一，统筹规划，协调平衡，稳步推进。

B的第一份工作是她职业生涯的重要起点。她通过努力，很快就适应了职场的生存环境，并以过硬的工作能力赢得了上级的青睐。也就是说，在立业阶段之初，就已经开始崭露头角。这是一个良好的开端，也是不可多得的发展契机。在工作的第三年，已经熟悉了工作情境，积累了人脉资源，开始进入稳步发展阶段。但就在此时，B为了照顾家庭离开职场。因所在职位需要出差、加班，她担心会因工作而疏于对家庭的照顾而选择了放弃。从家庭的角度讲，B的决定是无私的，是有益于缓解家庭压力的。但就其职业发展而言，这一决策则是武断的。

进入职场之初，就应当有意识地进行自我职业生涯管理，将职业发展与结婚、生育进行统筹规划。并非制定严格的时间表，而是根据自身实际情况，总体把握。例如，明确生育前职业发展达到何种程度，如何形成自身优势，为育后重返职场积累资源；考虑生育前调换工作岗位，减轻生育后相当长一段时间内的忙碌；进入“三期”后，通过申请休假来缓解孕产和哺乳期的生理、心理压力，虽然暂离职场，但优于因彻底退出而前功尽弃。

家庭与工作不是矛盾体，而是可以相互协调、相互促进的。针对职业生涯各发展阶段可能遇到的情况与问题，通过统筹规划提前做好准备和预处理，就可以在最大程度上缓解工作家庭的失衡，促使职业发展稳步推进。

第二，制定目标，明确路径，有的放矢。

从 B 的经历看出，她对人对事热情、认真，但发展的目标并不明确。第一次就业时，她看重的则是工作环境好、离家近，真正进入公司后，看重的是工作愉快。对于想要在部门内、在公司里晋升至何种职位，谋求怎样的发展，并没有明确目标。育后重返职场，她看重的是在幼儿园中能陪伴儿子，并不在意这份工作能否长久、是否有发展机遇、能否转正等一系列重要问题。

事实上，B 离开职场多年，在潜意识当中已经逐渐将工作与照顾家庭对立起来，认为一份有发展、有收益、有未来的工作势必会牵扯精力，必定影响到自己照顾孩子和家庭。原因在于，她是一个做事专注的人，“用心做好一件事”是她奉行的原则。她并没有为自己设立职业发展的目标，而是将家庭的幸福作为终极追求。因此，当面临职场决策时，就会无所适从或者直接选择退出。如果在职业生涯初期，她就制定了层次分明、方向清晰的发展目标，选择了适合自己的发展路径，并沿着路径有步骤地实施既定的生涯发展策略，那么，当面临进退的抉择时，就会有的放矢，懂得统筹兼顾。

三 访谈对象 C 的学术生涯[①]

简介：访谈对象 C（以下简称 C），46 岁，博士，已婚，育有一子，高校教师。C 的第一学历为中专，边工作边参加自学考试，先后获得了大学专科和大学本科学历。之后辞职，常驻校园，结识了崇拜已久的导师，

① 案例详情见附录 2-3 中的访谈对象 C。

在导师的支持和鼓励下全力备战考研。顺利考取硕士研究生，毕业后继续考博，考博当年结婚。因年龄原因，在读博期间边上学，边对怀孕生子做好计划。在距离博士毕业 7 个月时怀孕，孩子 8 个月时重返职场，到母校任教。在母校任教六年，41 岁晋升为副教授，后赴英国做访问学者一年。访学回国后两年，因科研成果突出，破格晋升为教授，并担任硕士研究生导师。

C 对学习深造、事业发展的规划合理，决策及时得当。在提升学历的过程中，拓展了视野，增强了个人能力，发掘了自身潜能。事业上的成就不仅得益于有效的自我职业生涯管理，也离不开家庭成员的支持。同时，在家庭方面，C 为陪伴孩子的时间较少而心存愧疚，开始为寻找工作与家庭的平衡而努力。总体而言，作为高知女性，C 的自我职业生涯管理在如下五个维度各具特点。

第一，职业选择。

谈到职业选择，C 认为女性必须工作，无论是事业单位还是公司企业，无论是打工还是创业，有自己的工作才有独立的人格。而对于具体的职业选择，她看重职业兴趣和个人潜能。正如她本人，因喜爱自己的专业而对工作充满热情；因想要不断进行自我开发，而有了职业发展的强大内驱力。这些都成了她职业成功的牢固根基。

第二，学习深造。

从 C 的经历我们清楚地了解到，学习深造在她的职业生涯中占据重要位置。自学考试、辞职考研、继续考博、出国访学，每一级台阶走得很艰辛，却扎实稳健，为迈向下一级台阶做足了准备。但是，学历在她看来并不是每个人必须追求的，不是越高越好的，而是能够根据自己的实际需求，把学历作为实现个人目标与自身价值的“敲门砖”。

第三，婚恋生育。

由于绝大部分时间用于不断学习深造，C 属于典型的晚婚晚育。恋爱结婚是因为年龄大了，在家人的催促下才提上了“日程”。但对于生育，C 深知其对学业、对职业生涯连贯性的影响，因此，有计划地将孕期、产期和哺乳期纳入自我职业生涯管理，既没有影响学业，也没有耽误人生大事，两全其美。

第四，成功探索。

C 对成功的探索，步伐坚定、规划有序、卓有成效。她对成功的理解是实现自己的目标和梦想，证明自身的能力与价值。从县级中学的教师到全职考研的学生，又到硕士研究生、博士研究生，再到大学教师、副教授、出国访问学者、教授、硕士研究生导师，一路走来，令人艳羡，但其中艰辛不言自明。正因为在探索的过程中，她有目标、有计划、有实施、有探索、有反思、有改进，她的自我职业生涯管理才会方向明确、路径清晰、成绩斐然。

第五，工作家庭平衡。

在平衡工作和家庭方面，C 认为自己做得不好，一直在积极改进。在她职业生涯的初始阶段，能力提升、职业发展一直是重中之重。她在科研、教学方面投入了极大的精力，也因此在最短的时间内优势凸显、地位稳固。正如她所说，在她奋力打拼的背后，亲人默默的支持与付出为她提供了强有力的后盾，使她一路安心向前，并未在家庭事务上多作停留。在取得了一系列工作成绩后，她猛然发现，作为母亲，在亲子陪伴与教育方面存在欠缺，错过了孩子成长的许多重要瞬间。之后，开始将生活的重心慢慢向家庭转移。如果说工作和家庭是天平的两边，那么过去天平上的砝码是重重地压在工作一边，而现在，则是逐渐将工作上的砝码向家庭一边转移，使天平恢复平衡。每个人平衡家庭与工作的方式和理念不同，有的倾向于工作，有的倾向于家庭，有的则能较好地两者兼顾。这些都无所谓是非优劣，只要符合自身职业价值观，与自我职业生涯管理的思路和方式相吻合，而且，最重要的是适合自己、适合家庭，能使工作和家庭相互促进、相得益彰，就是正确的做法、有效的平衡。

以上，我们从研究的五个维度分别对 C 的自我职业生涯管理进行了分析。换个角度，纵观她的整个发展历程，我们发现，她在职业生涯的各个阶段都有具体的目标，而且这些目标具有明确的指向性和层次性。我们根据第一章中职业生涯发展阶段的划分，具体总结如下。

第一，职业初探阶段（17—23 岁），自我认知与环境认知相结合。

C 于 19 岁中专毕业初入职场，她对教学、对工作有了初步的、感性的认知，在工作的过程中对自己的能力水平、发展需求也有了更清晰的了解。在了解职场环境并为自己定位后，她发现中专学历并不足以应对教师这一工作。因此，她通过自学考试获得了大专学历。在职业初探阶段，她致力于认识自我、分析环境、提高学历、拓展视野。

第二，职业确定阶段（24—26 岁），继续提升自我，增加知识储备。

27 岁之前，C 仍处于自学考试阶段，边工作边学习。她的目标是借此提升专业水平，进行自我检验与自我开发。这一阶段，她在积累工作经验的同时，不断增加知识储备，终于将学历提高至大学本科，又完成了一个阶段性目标。职业确定阶段和之前的职业初探阶段是她职业生涯的储备期。

第三，稳步发展阶段（27—45 岁），完成深造，在职场中崛起。

这一阶段的时间跨度较长，C 在这一时期的经历大致可以分为两部分。前半部分（28—34 岁）仍在校园深造，28 岁考取研究生，又开启了新的学习旅程，攻读硕士、博士。34 岁博士毕业，她提升学历、验证自身能力的阶段性目标得以实现。不仅如此，结婚、生子的人生大事也在这一阶段圆满完成。而且，因为提前的规划与安排，并未对学业、就业产生影响。后半部分（35—45 岁）步入职场，发展得迅猛、稳健。她很快适应了工作环境，形成了在专业领域的优势地位，并获得了出国深造的机会。基于较高的自我效能感，其成就动机被进一步激发，以此为契机，在职场中再次异军突起，仅用了三年时间，从副教授被破格提升为教授。此时，C 实现的职业目标又发生了质的飞跃，迈上了一个新台阶。

第四，维持阶段（46—55 岁），工作与家庭的天平逐渐回归平衡。

C 现年 46 岁，根据年龄的划分，开始进入职业发展的维持阶段。此时的她，开始考虑如何照顾家人，懂得感恩，学会陪伴，与家人一起享受生活。她在职场中的地位已经非常稳固，专业优势突出，她正在做的就是保持工作地位，减轻工作压力，在工作和家庭之间找到平衡点。

以 C 为代表的知识女性，在自我职业生涯管理过程中能够全面认识自我、主动适应环境，积极开发自我、塑造自我，形成了独立自主的品格，建构了知识女性独有的文化。这对于知识女性的自我成长、人格完善、职业生涯发展、幸福感提升及自我实现均具有重要的、积极的意义。

第五章

知识女性自我职业生涯管理的剖析与建议

第一节　知识女性自我职业生涯管理的深度剖析

在对调查数据、访谈资料和典型个案进行整理、分析的基础上，我们发现，访谈资料提供的大量信息，对问卷调查的结果或加以印证，或加以补充，使调研结果更加丰满，更加鲜活，也更具参考价值。而对典型个案的解析，则进一步深化了研究结论，并为其提供了更为丰富的现实依据和实践支撑。在对这些调研数据和资料进行归类、对比、分析与融合的基础上，我们对知识女性自我职业生涯管理的现状进行了深度剖析。

一　不同背景的知识女性自我职业生涯管理的差异特点

调查数据显示，20 岁及以下、21—25 岁的知识女性在职业选择、婚恋生育、学习深造、成功探索方面的管理优于其他年龄段，她们处在生涯发展的探索期和成长期，因而更重视对自我职业生涯管理的学习和尝试。其他年龄段的知识女性与她们相比，处于不同的发展阶段，面临着更多的现实因素，对职业生涯的管理相对保守，但更加理智、沉稳。

未婚知识女性在学习深造、婚恋生育、成功探索、工作家庭平衡方面比已婚的知识女性得分高，其自我职业生涯管理以事业发展为主，而已婚知识女性对职业生涯的管理则更多地以家庭为导向。

无子女的知识女性在学习深造、婚恋生育、成功探索、工作家庭平衡方面与有子女的知识女性相比，有更多的精力做一些开创性的尝试，而有子女的知识女性则主要倾向于保持家庭稳定，工作更多的是作为经济保障和社会支持。

女学生（包括大学生和研究生）与其他各种职业的知识女性相比，

在职业选择、学习深造、成功探索方面有更多的思考，但由于尚未走出校门，其自我职业生涯管理多处于规划阶段，缺乏与现实的磨合。而公司职员与医护人员、公务员相比，由于其工作的不稳定性，在学习深造、成功探索方面有更细致、更全面的管理。

初级职称与中、高级职称（或职员与科级、处级）的知识女性相比，在学习深造、成功探索两方面表现突出，由于职位相对较低，面对较大的发展压力，需要在自我职业生涯管理中做出更多的尝试和努力。

不同学历的知识女性在职业选择、婚恋生育、学习深造、成功探索方面的管理均存在显著差异。其中，研究生学历的知识女性，其自我职业生涯管理优于其他各学历的知识女性。

二　知识女性的职业价值观与自我职业生涯管理的关系

知识女性职业价值观与自我职业生涯管理之间存在密切的关系，职业价值观中的 14 个维度“智力激发、创造性、成就、管理、美感、利他主义、独立性、同事关系、监督关系、工作环境、变动性、经济报酬、生活方式和声誉”都与自我职业生涯管理总分之间存在显著的正相关。

在职业价值观对自我职业生涯管理的预测效果方面，调查研究显示，知识女性的职业价值观对其自我职业生涯管理具有良好的预测作用。具体来说，职业价值观中的“智力激发、管理、独立性、声誉、安全性”五个维度对自我职业生涯管理状况的预测效果最好，其中，“智力激发、管理、独立性和声誉”四个维度能够正向预测自我职业生涯管理状况，“安全性”维度负向预测自我职业生涯管理状况。

三　知识女性自我职业生涯管理的方式和存在的问题

（一）职业选择方面

第一，绝大多数知识女性都选择拥有自己的工作，获得经济独立，从而在心理上能够真正自立、自强，收获充实感与价值感。同时，她们把工作看作与社会保持良好联系的纽带。这种联系不仅为知识女性自身发展所必需，而且对健康和睦的家庭关系也有极大的促进作用。因为一个有见识、有智慧的女性才更有可能成为优秀的妻子和母亲。

第二，在工作领域的选择上，许多知识女性倾向于突破“职业性别隔离”的限制，摆脱“女性职业”的束缚，以自身能力和需求为出发点，选择真正与自身条件相匹配的职业。这不仅拓宽了发展道路，为各工作领域的和谐发展也注入了新的活力。但除了她们自身的信心和努力，相应的社会支持也是必需的。若在就业时遭遇“性别歧视”，会挫伤女性的积极性，使她们刚刚打开的心门再次关闭，出现“曲线就业”“干得好不如嫁得好”等消极的观念。

第三，在职业兴趣方面，她们希望根据自己的兴趣来选择职业，以促进长远发展。但这对部分知识女性而言，更多的是一种愿望，当职业生涯出现各种始料未及的状况如受到工作环境中的不稳定因素、家庭因素的影响时，她们会选用折中的方式，仅基于对稳定的考虑，选择维持现状。这样虽然获得了暂时的安稳，但因缺乏全局观而疏于对职业生涯的总体规划和管理，这样势必会为下一步的发展留下隐患。

（二）学习深造方面

首先，在对高学历的认识方面，许多女学生对高学历非常重视，但是存在盲目的弊端。而有一定社会阅历的知识女性则更为理性，她们不会为了深造而深造，而是会考虑目前工作、家庭的状况和未来的发展前景，以及深造对自己是否必要、选择什么时机、达到何种程度等。

其次，在深造方式的选择上，知识女性考虑最多的是对目前生活的影响。为了生活的稳定，不少知识女性选择在职进修。而想借深造来改变生活现状的知识女性则选择脱产学习，在提升自身素质的同时，改变生活方式，为生涯发展重新定向，完成职业生涯转换。无论选择何种方式，学习深造目标明确、符合自身实际需求才是真正行之有效的。此外，对于面临退休的知识女性，深造不是她们关注的重点，但可以通过参加老年大学，学习特长技艺，调整退休后的心情与心态，既开阔了视野，也陶冶了情操、丰富了生活。

（三）婚恋生育方面

婚恋生育关系到女性的心理健康和相关的生涯决策。知识女性在该方面的管理主要围绕时间展开。结合自身情况，怎样安排结婚、生育的时间才更合理，既不影响职业发展，也不错过生育的最佳年龄是其管理的重点。

第一，婚恋方面的问题主要有两个：高学历女性的择偶问题、女性成家立业的时间安排问题。高学历女性的择偶观需要调整和转变，并将该问题纳入自我职业生涯管理，及早打算，统筹安排。关于成家立业的时间安排问题，知识女性有两种不同观点：先立业，为成家奠定经济基础；先成家，解决自己和家人的后顾之忧，同时为职业发展作坚强后盾。持两种观点的知识女性各有出发点，她们的不同选择无所谓是非优劣，只要目标确定、方式得当，落实在现实生活中，能够使事业与家庭相辅相成，便是真正意义所在。

第二，关于生育时间的安排，大部分知识女性都将生育的时间纳入了自我职业生涯管理，在育前就计划了完成“三期”的时间。她们考虑的因素主要有自身的身体条件、职业发展状况、家庭环境等。此外，对于个别职业的知识女性（如小学教师），工作单位的规定与安排也是不可忽视的参考因素。同时，有的知识女性还计划于生育之前，在本领域内形成自身优势，为育后重返工作岗位或重新就业打基础。但部分知识女性仅停留在计划上，缺乏具体的实施。

在是否生育“二孩”方面，不同职业、不同发展阶段、不同家庭背景的知识女性都有各自审慎的选择。生育“二孩”的知识女性，除家人催促、意外怀孕等因素外，大多是为了“大孩”更好地成长，不仅希望给孩子一个一起长大的手足，分享喜悦，共担风雨，更多的是为了孩子人格的发展与完善，使孩子学会担当，懂得关爱。正值“二孩”生育年龄的知识女性，绝大多数恰好处于“职业上升期”，正是需要稳固职场地位的阶段，此时再次因生育离开职场，势必会在不同程度上影响总体发展。在研究中我们发现，选择生育“二孩”的知识女性多集中于公务员、事业单位、国企等工作性质较为稳定的职业领域或工作岗位，她们因再离职场而失业的可能性较小，但职业生涯仍不可避免地出现再次中断。虽然职业领域不同、工作性质不同，选择生育“二孩”的时机不同，但无论何种职业的知识女性，再次生育后，重返职场的发展前景都与其自我职业生涯管理的水平成正比。

（四）成功探索方面

知识女性对成功的理解有所不同。有的认为成功是在充实的工作中体现生存意义，也有的将成功的标准定为家庭的稳定，将自己定位为贤内助，工作则是一种经济保障和社会关系。这两种观点其实都不是在工作和家庭间做取舍，只是倾向不同。知识女性探索事业成功的方式主要有：建立人际支持网络、积极寻找并把握机遇、不断学习提高自身修养、保持良好心态、对每一步的发展提前规划。虽然看似简单，但在实施的过程中有想法、有行动的知识女性才能真正步步为营，实现自己的目标。

（五）工作家庭平衡方面

知识女性对于工作家庭冲突的感受是不同的，有心理冲突的和无心理冲突的所占比例基本相当。事业发展处于关键阶段、孩子年幼、边进修边工作的知识女性更容易感受到工作家庭冲突。此外，女学生在选择发展道路时，既顾及未来工作的发展前景，还要考虑对父母、家庭的照顾，因而也不可避免地存在心理冲突。本书的调查对象主要采取了三种措施平衡工作和家庭：实行分段管理，不同发展阶段生活各有侧重；借助于家人、家政人员等的帮助来打理家务、照顾孩子；实行夫妻的双职业生涯设计。其中，前两种方式较为常见，第三种方式值得进一步推广。

第二节　知识女性自我职业生涯管理的实施建议

在与很多知识女性访谈的开始阶段，她们都会说“我没什么职业生涯规划啊”，“我不知道什么是自我职业生涯管理”，但是当我们的访谈深入下去的时候，她们则把自己对职业发展的理解以及在这一过程中所做的各种设想、所采取的措施都娓娓道来。研究发现，她们当中的每个人都对职业生涯有过规划，都有一套适合自己的职业生涯管理方式。她们只是没有将这些方法和手段定义为“自我职业生涯管理”，而是把它们看成是自然而然的解决问题的策略。她们的自我职业生涯管理没有有无之分，只有优劣的差别。这种差别就在于，有的知识女性在职业生涯发展的起步阶段就设立了各种近期、远期的目标，把对不同时期的规划串成了一条线，从而在发展的过程中有章可循。而对职业生涯发展的规划并不代表先画好图纸，然后照图施工，因为一旦发展过程中出现变化，呆板的做法无异于作茧自缚。遇到问题及时修订，或在原有计划的基础上灵活变通才是明智的管理措施。而不理想的自我职业生涯管理，往往是断断续续的，“走一步，看一步”，在问题出现之后才想办法弥补，没有根据发展的态势对职业生涯进行主动干预。

我们知道，女性职业生涯发展阶段受生命周期影响的程度要比男性大得多，甚至有决定性的影响。[①] 在此，根据研究结果，本书结合职业生涯

① 吴贵明：《中国女性职业生涯发展研究》，中国社会科学出版社 2004 年版，第 80 页。

发展阶段，针对知识女性的自我职业生涯管理提出一些建议，希望能够为广大的知识女性朋友带来启示。

一 职业生涯前期为未来发展确定方向

知识女性走出大学校门，开始步入职场，这一阶段最为重要的是给自己准确定位。了解自己的职业兴趣、职业价值观，分析自身的核心竞争力，包括知识、技能、经验和职业素养等，同时对环境进行评估，了解环境的发展特点、对个体的要求、个体在环境中的地位以及环境中的有利及不利因素，从而将自身与环境中适合的职业相匹配。

这里值得注意的是，获得职业发展的关键在于个人与职业的契合度，契合度越高，获得成功的概率就越大。但有一点需要说明的是，女性并非仅能从事具备女性特质的工作，根据自身特征、能力以及环境条件选择自己的工作才是最佳选择。① 从社会视角来看，企事业单位应为知识女性的职业发展营造一个和谐、宽松的人文环境，消除在人才招聘、职位晋升时的性别歧视，拓展知识女性职业选择和生涯发展的空间，激发其成就动机，增强其自我效能感，发挥知识女性这一较高层次文化群体的人力资源优势，正向引领社会潮流。

知识女性在选定职业后，应制订相对明确的职业目标，并在此基础上，选择与目标相适应的发展路径。这需要结合最初的自我评估，根据自身职业锚的特点和职业发展倾向来确定。在知识女性自我发展的过程中，其能力、动机、需要和价值观相互作用、逐步整合，形成了自己独有的职业锚。虽然每位知识女性在进行职业选择时所考虑的具体因素不尽相同，但在访谈中我们发现，她们总会围绕自己的职业锚做出职业决策。

二 婚前、育前以事业为主，兼顾生活

在确立了职业目标和发展方向后，首先需要按照职业生涯规划逐步打开发展局面。针对目标和现状之间的差距，制订切实可行的策略与解决方案。在职业目标的大前提下，设立中短期目标，并在此基础上，采取具体行动，如修订工作方法、参加在职培训、定期总结反思等。在这一阶段力

---

① 吴贵明:《女性职业生涯发展研究综述》,《福建商业高等专科学校学报》2004 年第 1 期。

求做到在工作中提升专业知识技能，树立良好形象，形成自身优势，建立自己的人际支持网络。克服对性别自我的刻板印象，提升个性自我①，培养竞争和拼搏意识，变被动为主动。

在工作学习的同时应兼顾生活，正如前面所讲，高学历女性应对此问题及早做出打算。因为寻觅伴侣、组建家庭是女性心理健康和生涯发展的重要一环。当工作逐渐走上正轨，随着年龄的增长，组建家庭的愿望逐渐凸显出来。经过恋爱、结婚，收获归属感和安全感，拥有一个温暖的港湾作为坚强后盾，在职场上更能愉悦地投入工作。

三　将生育时间的安排纳入自我职业生涯管理

女性要完成孕期、产期和哺乳期必然会有一段时间脱离工作，给职业生涯的完整性、连贯性带来影响，将生育时间的安排纳入自我职业生涯管理便成为必要。知识女性进入职场两三年后，工作趋于稳定，职业发展逐渐步入正轨，生理、心理方面都已经比较成熟，为完成“三期”创造了良好条件。因为，如果过早生育会影响职业生涯初期事业的起步，而过晚又会对健康产生不利影响。这时应根据职业发展状况、生理心理条件、环境因素等为新生命的诞生选择最适合的时间，在享受初为人母喜悦的同时，把事业上的损失降到最低。在此期间，心态的调整同样重要，放松、愉悦的心情有利于母亲和孩子的身体健康。同时，还应将工作中的事务做好安排，以解后顾之忧。

而随着“二孩”时代的到来，部分女性面临再次生育、再离职场的考验。是否生育“二孩”，何时生育“二孩”，应及时纳入职业生涯规划，提前做好身心准备。知识女性应不断增强自我职业生涯管理意识，在再次生育前，客观评估自身条件和职场环境，进行精准的自我定位，再次确认发展方向，将生育“二孩”与生涯管理相结合，审时度势，做出最适合自己的选择。

知识女性在完成“三期”以后，最担心的是重新回到工作岗位可能会遇到业务生疏的问题和被新人取代的危险。此时，自我职业生涯管理的优越性便体现出来。如果在结婚生子或生育“二孩”之前，对生涯发展

① 沈之菲：《超越“玻璃天花板”——21世纪女性的职业选择》，《教育与职业》1999年第2期。

进行了合理的规划与开发，并有计划、有步骤地实施，通过提升自身的专业技能、业务水平，积累资历和资源，在职场中形成了独有的个人优势，职场地位相对稳固，可以根据现实情况进行实时监控与调节，为重返职场解决了潜在的问题，那么两度离开职场对职业生涯发展造成的负面影响将会被降到最低。此外，在“三期”结束后，对业务稍加熟悉，注重及时获取工作领域的前沿信息，重返岗位后工作及时上手并不难。

四　职业发展中期注重平衡工作与家庭

“三期”过后的三至五年内，由于孩子年幼需要照顾，女性可能会将更多的精力置于家庭，工作则处于相对次要的位置。这样，母亲可以在孩子成长的关键期给予更多的呵护，享受向孩子倾注母爱带来的幸福感和满足感。

在这一阶段，知识女性已经处于职业发展中期，即立业阶段，这是职业生涯中最出成绩的时期。这时应将重心向家庭和工作中间移动，在二者之间寻求平衡。这一阶段，知识女性应稳中有升，在原有工作成绩的基础上，着力更新技术、开阔视野、开发新的工作兴趣，尝试跨行业学习，拓宽发展领域，进一步强化自身优势，争取在职场上占有一席之地。

不可否认的是，知识女性在家庭和工作中的双重角色难免会存在一定程度的冲突，从而需要在二者之间进行协调。家庭和工作间的矛盾冲突并非必然，知识女性如果能将工作中的成就感与效能感，同家庭中的归属感与幸福感转换为个人的心理资本，并使来自两方面的积极情感彼此渗透，工作促进家庭，家庭促进工作，提升角色满意度，工作家庭冲突将逐步化解。此外，还可以对夫妻双方的生涯规划进行修订，实行统合设计，使双方在该阶段的发展能够相互补充、相互支撑。比如，根据目前双方事业的发展状况，以及未来的发展前景，权衡利弊，以其中一人的事业发展为主，或者由夫妻双方商定共同承担家务，必要时由家人帮助照顾子女或请家政人员帮忙减轻家务负担等。

五　退休后调整心态，回归家庭

在职场打拼的知识女性，由于精力、体力的限制，有时需要比男性付出更多的努力。进入50岁以后，开始为退休做准备。在安排好工作交接之后，真正回归家庭。这时，她们可能会面临“空巢期”的困扰。孩子长大成人，开始离开家庭，她们也开始重新审视自己的生活、婚姻和人生。这一时期应保持良好心态，借助参加各种活动保持与社会的联系，活跃身心，比如文中提到的上老年大学，既能从中学到新的技艺，也能够丰富日常生活。此外，可以通过经常与家人沟通、协助子女养育孩子等细细体味人生，享受天伦之乐。通过对孙辈的教育和培养提升自我价值感，悦纳退休后宁静的生活，用爱心和智慧更好地经营家庭。

附　录

附录 1　量化研究材料

附录 1-1　　　　开放式问卷

年龄：　　　　　职业：　　　　　学历：　　　　　婚否：

各位女士，您好！

感谢您抽出时间填写这份问卷。我们的研究目的在于：通过对知识女性的职业发展状况的调查，探索知识女性发展的重要影响因素，期望能够为女性朋友在职业生涯中更充分地展示自我、发挥才能提供支持与参考！

调查以不记名的形式进行，对结果只作整体分析，且仅作研究之用，绝对不会公开您个人的任何信息，请您放心填写。回答没有对错好坏之分，仅表明您的个人看法或状况。但同时，您的回答又对整个调查的结果具有重要影响，请您根据自己的情况如实填写。

衷心感谢您的大力支持！！

指导语：在日常的工作和学习中，您是否认真地考虑过，是什么样的观念在支撑着您？对于职业发展您又有何规划和设想？下面我们就针对这些问题与您进行探讨。

1. 您想过要对自己的职业生涯进行规划和管理吗？如果进行职业生涯管理，您会考虑哪些方面？

2. 为了更好地促进职业发展，您认为需要做哪些方面的努力？

3. 我们每天都生活得忙忙碌碌，现在请您静下心来思考一下，您在工作和生活中最看重的是什么？

☺如果您的答案不止一个，请您将它们全都列举出来。（请您将答案根据重要程度从大到小进行排序。）

附录 1–2 问卷调查指南[①]

一 对象的选择

选择受过高等教育，具有大学专科及以上学历的女性作为研究对象，在职人员及在校大学生均可。通过自考、函授等方式获得学历的女性同样属于我们的调查研究范围。

二 注意事项

1. 在实施问卷调查前，先说明研究目的，以及不记名、保密和回答无正误之分等相关事宜，征得对方的同意。

2. 说明填写的注意事项：问卷为正反两面，请被试完整作答；职称/职务一栏根据自身实际情况，选择其中的一项（职称或职务）进行勾选，学生及刚刚走上工作岗位的，均按初级（或职员）勾选；如果了解到被试的婚姻状况为离异，则婚否一栏勾选“是”。

3. 问卷主要采用匿名自填的方式，如果被试对问卷的理解确实存在问题，可按问卷要求加以解释说明。

三 调查说明语

您好！我们正在做一项关于知识女性职业发展的调查研究，希望借此为广大女性朋友的发展带来启示与帮助。想请您协助填写一份调查问卷，以了解您对职业生涯的管理情况。我们的调查是不记名的，回答也没有对错好坏之分，而且我们保证对您所填的内容保密。（若对方同意，表示谢意。）欢迎您参与我们的研究！

① 问卷调查指南，用于对施测人员在问卷调查过程中的具体操作进行规范。

附录 1–3　知识女性职业发展调查问卷

各位女士，您好！这是一项关于知识女性职业发展的调查研究，希望能够借此为广大女性朋友带来启示与帮助！我们非常需要您的大力支持！感谢您在百忙之中抽出时间完成这份问卷！

本调查以不记名的方式进行，结果仅作学术研究之用，绝对不会公开您的任何信息，请放心填写。问题的答案没有好坏对错之分，只表达您的个人观点，请根据自己的感受如实填写，请您务必对每个问题都进行作答，您的回答对整个研究结果具有重要的意义！

再次向您表示由衷的感谢！！祝您工作顺利、家庭幸福！！

请先填写您的基本情况：

（您的基本资料将绝对保密，请务必填写。请根据您的实际情况填空或在相应数字上打“√”）

1. 年龄：________岁 2. 婚否：①否 ②是（有无子女：①有 ②无） 3. 职业：①教师 ②医护人员 ③公务员 ④公司职员 ⑤学生 ⑥其他 4. 职称/职务：①初级 ②中级 ③高级 / ①职员 ②科级 ③处级 5. 学历：①大学专科 ②大学本科 ③硕士研究生 ④博士研究生

☺本问卷共 4 页，请您务必完整作答，谢谢！

第一部分：自我职业生涯管理问卷

指导语：

通过阅读这一部分的问卷，您会发现，问题涉及的年龄跨度比较大。也许您并不是恰好处于问题中所说的阶段，我们的调查正是希望您对自己一生的发展进行展望或回顾。

下面所列各项是否符合您的实际情况或想法，请在相应的数字上打“√”。（从 1 到 5，符合程度依次递增：1 = 完全不符合；2 = 不太符合；3 = 不能确定；4 = 比较符合；5 = 完全符合。）

	完全不符合	不太符合	不能确定	比较符合	完全符合
1. 相信自己的能力，女性能够进入男性主导的领域工作	1	2	3	4	5
2*. 我会选择在职进修而非脱产，以免生活、工作出现较大变动	1	2	3	4	5
3. 为了更自由地发展，我会考虑单身	1	2	3	4	5
4. 主张并积极争取与男性享有同等的晋升、发展机会	1	2	3	4	5
5. 我能够合理管理时间，安排好日常工作与家务	1	2	3	4	5
6. 择业时，注重长远的发展，而不是急于找到“饭碗”	1	2	3	4	5
7. 与高薪相比，我更看重在工作中获得充实感与价值感	1	2	3	4	5
8*. 如果现在还是单身，女性学历高、择偶难将成为我对深造的一大顾虑	1	2	3	4	5
9. 为了事业发展的连贯性，我会考虑婚后不要孩子	1	2	3	4	5
10. 拥有属于自己的工作，获得经济独立	1	2	3	4	5
11. 孕期、产期、哺乳期时重心放在家庭，育前及孩子长大后，均将重心放在工作上	1	2	3	4	5
12. 基于生理特质，女性适合弹性工作制	1	2	3	4	5
13*. 只求保持工作稳定，为家庭生活提供保障	1	2	3	4	5
14. 计划在生育前形成自己在本领域内的专业优势，为育后重返职场打基础	1	2	3	4	5
15. 先对本行业高学历女性的发展前景进行考察，再决定是否深造	1	2	3	4	5
16. 夫妻的职业生涯实行了统合设计，双方的发展相互补充和协调	1	2	3	4	5
17*. 女性适合选择稳定的职业，即使它并不符合自己的兴趣	1	2	3	4	5
18. 根据自身条件与工作环境，考虑过完成“三期”（孕期、产期、哺乳期）最适合的时间	1	2	3	4	5
19*. 为了家庭和孩子，我可能会放弃深造的机会	1	2	3	4	5
20. 在工作和家庭中，我能很好地进行协调，很少感到内心冲突	1	2	3	4	5
21. 注重知识的补充和积累，因为智慧是比美貌更重要的成功砝码	1	2	3	4	5
22. 休产假期间随时关注单位情况	1	2	3	4	5
23*. 生育后为了孩子，我会选择暂时离开或直接放弃工作	1	2	3	4	5
24*. 女性没有必要追求高学历	1	2	3	4	5
25. 积极建立广泛的人际支持网络	1	2	3	4	5
26. 为了工作，借助于父母或家政人员，缓解照顾孩子等家务带来的压力	1	2	3	4	5
27. 我们不应局限在符合女性特征优势（如细腻、温柔等）的“女性职业”（如护士、教师、文秘等）	1	2	3	4	5
28. 我已经把婚恋、生育等问题都纳入我的职业生涯规划	1	2	3	4	5
29*. 我的成功就在于家庭的和睦、丈夫的成功、孩子的健康成长	1	2	3	4	5
30*. 等我年龄慢慢大了，生活也稳定了，就没必要继续学什么了	1	2	3	4	5

第二部分：职业价值观量表

指导语：

下面这个调查表列有60个项目，是人们在就业时会考虑到的各种条件。如果现在让您自由选择一种职业，那么请您对下面这些条件加以评价，做出您自己的选择。

请您根据各项的重要程度在相应数字上打“√”。（从1到5，重要程度依次递增：1＝极不重要；2＝不重要；3＝不能确定；4＝重要；5＝极重要。）

	极不重要	不重要	不能确定	重要	极重要
1. 工作中能经常面对新问题	1	2	3	4	5
2. 有益于大众	1	2	3	4	5
3. 工作有变化	1	2	3	4	5
4. 工作中能独当一面	1	2	3	4	5
5. 能成为工作权威	1	2	3	4	5
6. 能有提升的机会	1	2	3	4	5
7. 能发挥自己的艺术能力	1	2	3	4	5
8. 工作中能结交许多朋友	1	2	3	4	5
9. 希望自己不会失去工作	1	2	3	4	5
10. 能成为自己想成为的人	1	2	3	4	5
11. 能有一个很公正的领导	1	2	3	4	5
12. 能有一个舒适的工作环境	1	2	3	4	5
13. 能圆满完成自己的工作任务	1	2	3	4	5
14. 能显示出领导他人的能力	1	2	3	4	5
15. 能经常产生一些新的想法或启示	1	2	3	4	5
16. 能创造一些新东西	1	2	3	4	5
17. 能发挥自己的专长，有所作为	1	2	3	4	5
18. 能有一个可以依靠的领导	1	2	3	4	5
19. 工作有保障	1	2	3	4	5
20. 能给周围的人带来美的享受	1	2	3	4	5
21. 自己能支配自己的工作	1	2	3	4	5
22. 能有丰富的经济收入	1	2	3	4	5
23. 能经常接受新事物	1	2	3	4	5
24. 能显示出影响他人的能力	1	2	3	4	5
25. 能在大城市	1	2	3	4	5
26. 能从事自己喜欢的业余活动	1	2	3	4	5

27. 有许多亲密的同事	1	2	3	4	5
28. 自己的工作能被他人看重	1	2	3	4	5
29. 从事不需要经常重复的工作	1	2	3	4	5
30. 能感到自己对他人有用	1	2	3	4	5
31. 能使他人幸福	1	2	3	4	5
32. 工作具有多样性	1	2	3	4	5
33. 能受到他人的尊敬	1	2	3	4	5
34. 跟同事有良好交往	1	2	3	4	5
35. 能有一种最快乐的生活方式	1	2	3	4	5
36. 能在宽敞、明净的环境中工作	1	2	3	4	5
37. 能显示出组织他人的能力	1	2	3	4	5
38. 能经常感到学习的紧迫性	1	2	3	4	5
39. 所得收入足以使自己过着安稳的生活	1	2	3	4	5
40. 能坚持自己的想法	1	2	3	4	5
41. 能创造出有吸引力的产品或作品	1	2	3	4	5
42. 能有一个稳定的职业	1	2	3	4	5
43. 有一个关怀、体贴的领导	1	2	3	4	5
44. 能够知道自己努力的结果	1	2	3	4	5
45. 能实现自己独特的想法	1	2	3	4	5
46. 能感到工作有新意	1	2	3	4	5
47. 能更多地对社会负责	1	2	3	4	5
48. 能有较高的职位	1	2	3	4	5
49. 不是一种单调的工作	1	2	3	4	5
50. 能较自由地安排自己的工作时间	1	2	3	4	5
51. 能获得他人的好评	1	2	3	4	5
52. 能常有一种愉悦的感受	1	2	3	4	5
53. 和同事在一起感到心情愉快	1	2	3	4	5
54. 能在国有单位工作	1	2	3	4	5
55. 下班后，能做自己喜欢做的事	1	2	3	4	5
56. 能有一个常倾听他人意见的领导	1	2	3	4	5
57. 有舒适的休息场所	1	2	3	4	5
58. 能主动、积极地完成一天的工作任务	1	2	3	4	5
59. 能更多地参与社会活动	1	2	3	4	5
60. 能进行丰富的想象	1	2	3	4	5

非常感谢您所付出的劳动!!

如果您对职业发展问题感兴趣，欢迎您参与我们的研究，您可以发邮件至 duanw1982@ 163. com，我们共同探讨。

附录2 质性研究材料

附录2-1 访谈提纲

1. 您当时是怎么入的这一行？

2. 您觉得在择业的时候，是否需要把自己的兴趣作为重要的因素来考虑？

3. 在选择工作的时候您最看重的是什么（比如经济收入、工作稳定、社会地位）？

4. 您对全职太太这个问题怎么看？

5. 您觉得女性是否适合进入以男性为主导的工作领域（比如IT业、管理方面的工作等）？

6. 您对高学历是怎么看的？

7. 如果深造的话，您会选择什么方式？脱产的还是在职的？为什么？

8. 您觉得高学历的女性在婚恋生育方面面临着什么样的问题？

9. 您对成家、立业是怎样安排的？

10. 您（当初）是否结合自己的职业发展情况对孕期、产期和哺乳期进行了安排？请您具体说一说。

11. 您对生育“二孩”是怎么看的？为什么？

12. 您会选择生育“二孩”吗？原因是否与您的职业发展有关？

13. （若访谈对象决定或已经生育“二孩”）生育“二孩”前后，在职业发展方面，您会做（或做了）怎样的准备或安排？

14. 您觉得对于女性而言什么是真正的成功？为什么？

15. 您在促进职业发展方面做过哪些努力？收效如何？

16. 您觉得在您的生活中，是否存在工作家庭冲突？请您具体说一说。

附录 2-2 访谈记录

一 职业选择篇

访谈对象 1（36 岁，大学本科，已婚，育有一女，医生）：

我们家那位也是个大夫，我俩平时都挺忙，说实在的，他就挺希望我能待在家里，把后方给他收拾得井井有条的。可我不愿做全职太太，我觉得贤妻良母的虚名没什么用。我现在一边工作一边照顾家里，确实挺累的，但至少精神上不空虚，感觉自己要干的事儿很多，每天挺有奔头。要是不工作了，首先经济上就不独立了，那多惨。想买个化妆品、衣服什么的，还得报批。买多了、贵了吧，还得看脸色。还有啊，要是整天猫在家里，像我这么懒散的人肯定是整天蓬头垢面的，老得更快，长期这样，心情自然好不了，心情一不好就容易吵架，影响感情。……哦，还有个更重要的问题，和外面的沟通少了，肯定也时髦不起来了，成天把自己搞得没点儿精神，那还了得了？那他还不得回家一看见我就心烦啊，万一他再来个“红杏出墙”之类的，那就麻烦大了。……再说了，不上班，不知道外面的事儿，和丈夫、孩子的话题就只剩下柴米油盐了，对教育孩子也没好处呀，所以啊，不是说全职太太不好，而是我做不来。

我干这行已经 13 年了，当时选择当大夫确实是出于兴趣。小时候生病上医院，看大夫穿着白大褂给看病、开药，觉得他们可神气了，挺羡慕也挺好奇的。后来长大了考大学就报了这个专业，学的时候很苦，人家不都说医学专业的学生最苦了，不过就是挺喜欢这个的，感觉能强些。上了班以后，刚开始穿上隔离衣，很兴奋，终于成大夫了，可就是缩手缩脚的不敢干，幸亏有个老大夫带着我。后来慢慢就适应了，也有了点儿经验，工作就越来越顺手了，这个时候才真是兴趣最大的时候，铆足了劲儿干。现在都已经这么多年了，没有以前刚来的时候那股子新鲜劲儿了，我们院病号又多，一上班就忙个不停，不过还是挺喜欢这一行，累是挺累，不过每次看病人出院还都感觉自己没白忙活。其实啊，真是这样，自己喜欢才能干得长久，心情舒畅，遇到困难也有信心扛过去。我侄女今年高考填报志愿，她爸妈就非让她跟我一样学医，说工作好，可人家孩子不喜欢学医，喜欢学外语，我就支持她。选专业很关键，让孩子干一辈子打心眼儿里不喜欢的工作，身体累，心更累，将来后悔就晚了。

访谈对象 2（23 岁，大学四年级学生，未婚）：

当然要有自己的工作啊，能自己挣钱多好！好不容易找到这么份工作一定得好好干。我都想好了，刚一上班肯定还得学很多东西，也要学会适应，我觉得用一年的时间我肯定就能入门了，争取工作以后三年内成单位的骨干，干出点名堂来让自己站稳脚，工资说不定也能涨点儿，哈哈！在学校学了十几年，其实挺想上社会看看的，女生有份自己的工作，钱多少只是一方面，关键是自己挣的，而且终于可以独立了，不再依靠家里，掌控自己的生活多有感觉啊。

访谈对象 3（21 岁，大学三年级学生，未婚）：

现在大学生工作不好找，尤其是我们女生，干脆找个好对象，把自己嫁了算了。我这样说听起来是不是挺颓废的，感觉大学像是白读了。可现实挺残酷的，有时候不得不这么想。像我们大学毕业，其实有点高不成低不就，学历不算高的，可毕竟是个本科，差的工作肯定不愿干，都想找个好点的工作。但现在对学历要求都这么高，想找好工作哪那么容易。继续读研吧，感觉自己够呛能考上，而且我也不是个搞研究的材料。

访谈对象 4（29 岁，大学本科，已婚，无子女，公司职员）：

别人一听说我是干 IT 的，都觉得这应该是男生拿手的活儿，说女孩子干这个太累、太枯燥了。是挺累的，不过我喜欢。没有要求说只有男生才能干这个工作啊。我爸就常跟我说，你看平常生活当中做饭啊、缝衣服啊什么的都是女的在干，可真正在这些个行业里干出名堂的都是男的，名大厨啊、有名的服装设计师，尤其是名厨，那不都是男的嘛，这个现象确实挺怪的，不过起码说明一点，男的可以把女人的工作干得这么出色，女的为啥不能也干些男人的活，重体力活咱是干不了，只要是靠脑力的，有啥不行？从小，我说我是女孩儿得学学做饭，我爸就说我："女孩子不能老围着锅台转，没出息！"话是不大好听，可我现在越来越明白我爸的意思了。我得干自己想干的事儿，而且也是我能干的事儿。前两天从网上看的那个"十大金领女性职业"当中好几个都是男性为主的职业，我记得里面有注册会计师、职业经理人，这些原来不都是男的占优嘛。所以啊，我觉得根本无所谓什么最适合男的干，什么最适合女的干，那都是相对而言的。你看，现在慢慢发展到男的工作女生照样干得出色，女人的工作男的反而干得更好。只要你喜欢，相信自己能干好，那就放心大胆地干就是了。

访谈对象 5（25 岁，大学本科，未婚，国企员工）：

22 岁的时候师范毕业，工作不好找，很多同学都改行不当老师了。其实我一直都挺喜欢当老师的，人家都说我脾气好，有耐心，我自己也特喜欢小孩儿。我不想放弃，就应聘到了一所小学的双语部，算是那个学校的"校办企业"吧，自负盈亏的那种。学校体制的问题，我一直是人事代理，不可能成在编的，待遇啊、稳定性啊，都比较差，心里挺不服气的，但能有这么份工作已经挺不容易的了。那时候刚毕业，觉得学生们很可爱，跟他们在一块儿挺高兴的，虽然说累点儿，也挺知足。就是离我男朋友远了点，还有就是到了年底发奖金的时候，我们和在编老师的悬殊实在是太大了，真是挺气的。……后来家里人找关系帮我找了现在的工作，算是企业员工，待遇稍好些，不过得下采油队，我被分到井队上，毕竟咱不是专业的嘛，就是让你抄抄表什么的，不如当老师那么称我的心意，但是还算稳定。女生在采油队的活儿一般也都比较轻快，离我对象还近，生活慢慢就稳定下来了，已经开始准备结婚了。我现在反而觉得生活得挺有滋有味儿的，工作轻快，还可以多照顾照顾家，要是有了孩子也有时间带，挺好的。

其实，当初放弃自己喜欢的职业，现在也谈不上后悔不后悔。刚刚毕业那会儿的热情现在已经快磨没了，我什么也不愿想了，就想安安稳稳地过日子，比什么都强，唉，人家不都说“随遇而安”嘛。

二 学习深造篇

访谈对象6（25岁，未婚，在读硕士研究生）：

其实我明年毕业以后还想接着念，可我老爸老妈坚决反对，硬逼着我找男朋友，快点结婚。可我就是急不起来，还想再继续读几年书。这年头，没有高学历上哪去找好工作啊，尤其咱们女生，更不好找了。我那些大学同学虽说大部分都有工作，可待遇好的有几个呢？我就想先把学上好，然后找份好工作，找个适合自己的人，一块儿好好干几年，有点经济基础了再说。……再说了，我都已经读到硕士了，干脆一股脑儿读完博士多好啊。爸妈说我可以结婚有了孩子以后愿意学再学。可我觉得，那样的话学习的心气儿慢慢就散了呀，不如现在趁热打铁。博士，想想都让人兴奋啊！当初刚考上研的时候我就特高兴，觉得自己又往前进了一步。可我爸妈觉得我是女孩儿，早点成家才是正路，读到硕士就行了。唉，代沟啊！

访谈对象7（27岁，未婚，应届硕士毕业生）：

本科毕业的时候去应聘过几个学校，有个不错的学校对我挺满意，可我只是想去锻炼一下，没想到还真能成，心里挺得意的，觉得凭咱的能力，研究生毕了业肯定能更有发展，所以还是准备考研，就拒绝人家了。现在研究生也快要毕业了，大家都忙活着找工作。难，那是肯定想到了，可是没想到这么难。用人单位要求忒高了，要不就是递过去的简历石沉大海。还有的性别歧视，写什么“同等条件，优先考虑男性”，简直气得我鼻子都冒烟儿了！……唉，真没治！我现在真的有点后悔当初考研了，我咋那么一根筋啊，当初要是上班了，现在也不会有这麻烦，郁闷！你看我那些大学同学，好多没考上研的，还有根本没考研的那些，人家直接上班了，现在结婚的结婚，大一点儿的都当爹当妈了，小日子过得很滋润，我呢，工作工作没着落，以前的男朋友也早分手了，这哪怕有一样我也能有点安慰呀。现在学历高了，要求也高了，工作、对象反而都不好找了。工作吧，低了不想去，觉着这研不能白读，高了呢，人家又不要你。找对象的话，对方要是学历低点，听说你是硕士，吓也吓跑了。唉，现在除了“郁闷”，我真不知道该咋形容了。

访谈对象 8（35 岁，硕士研究生，已婚，育有一子，高校教师）：

我深造不光是为了学历，主要是为了换个工作，换一种生活。原来在公司干的时候太忙了，经常加班，我身体又不大好，有点吃不消。孩子很小的时候更是累得我没办法。看着公司新来的小年轻一个个精神饱满的，感觉自己真是不再年轻了，力不从心了。不仅身体上觉得累，心也累啊，越来越有危机感了。后来，原来的同学劝我考研。我既然是要换工作走人，当然是选脱产的更好啊，就干脆把工作辞了，背水一战嘛。考了两年总算是考上了，毕业之前就到高校来应聘，有过去的工作经验我很占优势，工作找的还算是挺顺利的。现在毕业改当老师了，觉得还是这个工作更适合我一些。工作状况变了，整个生活也跟着变了，不像以前那么连轴转，好多了。

访谈对象 9（23 岁，大学本科，未婚，公司职员）：

当时拿到问卷的时候，我问你我是自考的本科，也行吗，你说“当然可以”，我心里特舒服。我专科毕业找工作的时候，“自考”这个字眼对我简直太敏感了。其实主要是用人单位敏感，根本瞧不起自考的，有的甚至是歧视！我最后好不容易找了个工作，其实也只不过是个过渡，我的目的还是继续考研。准备了快两年了，今年考。我报了个“211”的大学，我听说现在研究生毕业找工作也挺难，又要求本科是全日制的，又要求硕士是“211”“985”的，我缺前面那项，就得把后面这项补上。……所以，你刚才问脱产还是在职，那当然得脱产，我原来那个不就算是在职的吗，有的单位不认这个，没办法，我得争口气！考个脱产的！重点的！

访谈对象 10（50 岁，大学专科，已婚，育有一子，中学教师）：

到了我们这个岁数想继续深造的很少很少了，马上就快退休了嘛。不过，我觉得多学学还是好啊，我的孩子我就支持他继续往上考，我跟他说“好好学，儿子，上到博士你爸妈也供你”。像我这个年龄了深造是不想了，不过学点儿东西还是不错啊，等我退了休，我马上就上老年大学去，人家那儿有教国画的、烹饪的、插花的，还有舞剑的，反正啥都有，我想学学书法，我都考察好了，那有个路老师教得可好了，到时候去学学。

三　婚恋生育篇

访谈对象11（26岁，未婚，在读硕士研究生）：

咱女生一般都愿意找个比自己强的，个头比自己高，学历比自己高的，最起码要相当吧，其实，我不是那种看重学历、特现实特世故的人，关键是咱得考虑别人的感受啊。你想，找个比自己学历低的，他会觉得不如我，有压力。关键要是学历差得大的话，没有共同语言，话不投机怎么可能过到一块儿呢？以前总觉得只要情投意合，啥都不是问题，现在“老”了，考虑的问题也多了。我读研之前，她们就劝我说先找对象再考研，不然就嫁不出去了。放假回家，七大姑八大姨全问我一个问题：“有朋友了没？不小啦，该找啦。”还有同学聚会，那些“过来人”也都特关心我这个问题，都说“别太挑啦！再挑真嫁不出去了！”唉，时刻被提醒是“单身狗”。现在男生是香饽饽，他们选择的面儿比咱宽多了，他们可以找学历低的，咱们就不好办啦。年龄相当的都已经“名草有主”了，学历比咱高的，孩子都打酱油了。哈哈，现在挺流行那个“相亲会”的，好多大城市都有，好像挺适合白领啊、高学历什么的，不知道咱们这儿有没有，有的话，我妈肯定得催我去看看了。

访谈对象12（33岁，未婚，在读博士研究生）：

现在说起来都可以当笑话听了。我第一年考研的时候正谈着一个男朋友，他工作挺好的，是个公务员。他当时郑重其事地跟我说，如果我能考上我俩就继续谈，等我毕业就结婚，要是考不上的话就分手。这是人话吗？他有什么好牛的，不给我鼓励，还“将”我，一气之下就跟他分手了。考上我也不要他了！结果第一年没考上，我就下决心一定得考上！结果没想到考了3年。……读研那会儿也已经挺大的了，30岁的人了，也没遇见个合适的，毕业的时候就想考不考博啊？再读博选择的面就更窄了，我导师鼓励我考，好！那就干脆考吧。不过心里确实着急了，对象还没眉目啊！真成了“老姑娘”了。……读了博以后，就特关注这件事儿啦，必须把它提到“议事日程”上来了！托朋友、同学、老师，自己也出去参加些活动，比如像英语俱乐部什么的，反正“广泛撒网，重点捕捞”嘛，最后终于把他“捞”上来啦！本来准备毕了业再结婚的，不过家里着急啊，唉，都不小了，结了算了。

访谈对象6（25岁，未婚，在读硕士研究生）①：

我爸妈就着急想赶紧把我嫁出去。哎呀，一到放假，“相亲”那简直是让你逃也逃不掉。开始我都在想，我咋都“沦落”到这老土的地步了？后来也见怪不怪了。到现在也没见到合适的。哎呀，权当是完成任务了。其实，我就是想先把学上完，拿到学位，有了工作有了经济基础再说结婚的事儿。我好些同学倒是结婚早，有两个还刚生了小孩儿，可是她们结婚、买房、买车，乱七八糟所有一切都是爹妈包办的，都成了“啃老族”② 了。反正我不想那么早就成家，有了家，牵扯的事儿就多了，就伸展不开拳脚了。其实，我知道父母的苦心，可是我想先忙活我的学业，既然没有合适的，何苦这么急呢？啥时候都得有个主次吧。

访谈对象13（26岁，大学本科，已婚，无子女，公司职员）：

① 访谈对象6在前面的“学习深造篇”曾出现过。

② “啃老族”，指的是虽已成年，且有劳动能力，但由于种种原因，仍然在经济上依赖父母的一群人。

我大学毕业后第2年就结婚了，我觉得挺好的，找到了适合自己的就早些结婚嘛，女儿大了老不结婚父母也该着急了，这样也是了了父母一桩心事啊！当时，我爸和我妈看着我俩的婚纱照可高兴了！我妈还特意又去放大了一张挂在我原来的卧室里，可美了，提起她女婿特别得意。我肯定也是很幸福啦！……工作嘛，当时刚工作时间不长，是挺努力的，但是不大摸门儿，没什么很突出的表现，趁这个时候把个人问题解决了正好，心里也踏实了。不过暂时没打算要孩子，我老公也说再等两年，我俩好好干工作，干出点儿成绩来再说。当时我上学的时候，班主任就跟我们说，毕业以后花一两年的时间先把个人问题解决了，之后才有心思好好工作嘛。嘿嘿，我还是很听话的哩！

访谈对象14（30岁，大学本科，已婚，育有一女，国企员工）：

生孩子之前是做过些打算的。那几年我们这儿天天嚷嚷着要改制，要减员，弄得人心惶惶的，当时正好刚结婚时间不长，打算早要孩子，寻思那样对大人孩子的身体都好。可是单位情况不行，我担心生完孩子休产假的时候正赶上改制，那我回去说不定就没岗了，要不就是转岗，那肯定也没有以前的好啊，所以就一直拖到改制之后，工作情况基本稳定下来才要的孩子，就这样也是产假一过赶紧回来上班，时间一长，搞不好也容易让人给顶了。

访谈对象15（32岁，大学本科，已婚，育有一女，公司职员）：

大学毕业后我就一直在一家外企干，日子平平淡淡的，很快五年就过去了。我这才从梦里醒过来，升职原来并不是想象中那样只要努力就能得到的，还要靠运气、靠计谋，还有一些其他因素，唉，五年的努力也没给我带来什么。那时候都29岁了，热情耗没了，还越来越胆小怕事，特想要一种踏踏实实的生活。就是那一年我结的婚。为了不当高龄产妇，婚后就打算生孩子。没想到刚怀上宝宝，公司竟然给了我升职的机会，如果我接受，就要被外派参加3个月的培训。这好运突然就来了，跟电视剧一样，我反而很犹豫，因为要生孩子肯定就没法升职了，机会是难得，可来得太不是时候了。为了宝宝和老公，我最后还是决定放弃升职吧。后来，在我怀孕的几个月里，考虑自己将来在这个公司发展的空间很小，就辞了职。……在家休息了一年多以后，我想来想去还是应该重新工作，我的工作背景虽然不是很出众，但是没有跳槽的经历，又有一定的工作经验，很快就找到了现在这个工作。……

访谈对象16（27岁，大学本科，已婚，无子女，小学教师）：

我们学校有个不成文的规定，年轻教师想什么时候要孩子、要二胎，得先到学校登记申请一下，然后时间得由学校来安排，你得按其他报名人的情况，按照你自己的教学进度啊、年龄的排名啊什么乱七八糟的参与排队！听起来挺荒唐吧？我一开始也接受不了，觉得这太不人性化了，简直就是在剥夺我们的“生育自由”，“侵犯隐私”啊！后来才知道，不少学校是这样的，尤其是小学。主要因为我们学校的年轻女老师太多了，年龄又都相差不大。现在又放开二胎了，如果那些比我们岁数大点儿的再要个二胎，二三十岁的“扎堆儿”生孩子，好几个人差不多一块儿休产假，那学校肯定就乱套了。尤其是主课老师，突然休假走了，学生肯定受影响。光靠找代课老师不行，教学质量保证不了，学校不乐意，其实我们也不愿意。把学生托给别人管，等你回来，班里说不定就乱了，好长时间也扳不回来了。这么大点儿的学生最难管了！学生在你手里，你得负责，尤其是我们这些班主任。现在的家长对老师都很挑剔，我们这样的人家都不太愿意，嫌太年轻了，不够安定，谈恋爱、结婚、生孩子，弄得学生整天换老师影响学习。快退休的人家也不爱要，虽然有经验，一退休，老师肯定也得换。以前，家长喜欢30多岁的老师，有家有孩子的，因为基本都稳定下来了，又有教学经验。现在也不太一样了，因为30岁左右的也可能生二胎，和我们一样，也成了不稳定因素了。但我们这样二三十岁的又占多数，所以，想想学校的安排也不是没有道理。

访谈对象17（38岁，硕士研究生，已婚，育有两子，高校教师）：

关于二胎这个事儿吧，我主张要。我现在已经是两个小子的妈了，去年生的老二。周围的人一听说我家老二又是男孩儿，都替我愁得慌。我自己觉得两个儿子很好啊，左膀右臂，将来长大了带出去，一边一个大小伙儿保护我，多拉风，想想都带劲儿啊。……但是现在吧，说不累是假的。真心话，快累死我了。我老公长期在外地，一个月回来一趟。我婆婆身体不好，我妈得替我妹看孩子，家里这些事儿都是我自己顶着。我请了个阿姨白天帮着看看孩子。幸亏老大省心了，快上初中了，有时候还能帮我看会儿老二。学校这边忙起来也是挺要命。我们高职课多，还有各种事儿一大堆。这不，前天看孩子的阿姨病了，我自己看着，下午有课，我就把老二带到学校，找我们办公室老师帮忙看着，我去上课，真是挺狼狈的。我们同事看着都替我累。没办法，自己选的。我坚决要老二就是想给老大个伴儿，一个孩子太孤单，有个一起长大的兄弟，对孩子心智的发展有好处。累就累这几年，忍了。……我工作上还行，其实，工作和养俩孩子不矛盾。工作肯定要干，孩子也总要养，这和几个孩子没关系，关键看自己怎么把握吧。

其实工作上的事儿，关键看自己，生老大之前我想过，如果生孩子前一直默默无闻的话，以后拖家带口的想要异军突起就几乎不可能了。现在，学校的新人层出不穷的，而且全都是硕士以上。所以生孩子之前必须得给自打下点底子，我那会儿也是挺拼的，备课上课、参加讲课比赛、给学生带大赛，自己还得搞点科研，挺忙活的，但那时候年轻啊，有精力，多干点呗。

生了老大之后，恢复也算挺快的，那时候还没打算要二胎，所以就又开始忙活工作的事儿了。我记得我们老大上二年级那年，单位竞聘专业教研室主任，我就报名了。先试试呗，毕竟干这么些年了，有点经验。也没想到就成了，就又干了两年，感觉平稳了才要的老二。怀老二的时候反应挺大的，毕竟岁数不小了，我在家休养了一段时间。工作上的事儿我不担心，感觉能掌握得住，而且我住得近，产假的时候我还时不时回去看看。

访谈对象 18（37 岁，硕士研究生，已婚，育有一子一女，事业单位工作人员）：

别人看我儿女双全，都觉得很羡慕，以为是我打算好的。其实，我家老二纯属计划之外，一开始真的没打算要。刚知道怀孕的时候想打掉，亲戚朋友都说我疯了，劝我要着。确实，想想这个小生命，真是舍不得。那时候，我在现在的单位也五六年了，儿子上中班了，一切终于稳定了，没想到平静的日子一下子打破了。纠结了很久，最后才决定把老二留下来。我反复说服自己，老大是个儿子，将来长大了要是娶个媳妇不孝顺，我要是比我老公先走，没人管他咋办。再生个女儿，贴心小棉袄，我老公不会没人管。哈哈，我想得有点多哈，反正就是找各种理由说服自己留着这个孩子呗。万一再是个儿子咋办？没敢想。……闺女生下来以后，儿女双全了，但我好像也没那么高兴，我老觉得自己岁数大了生的闺女，又是计划外的，没调理过身体就有了，闺女的体质会不会不好，各种担心。家里人说我产后抑郁，确实是情绪低落了很久，总感觉闺女分走了我对儿子的爱，觉得对不起儿子。但是随着闺女大一点儿，越来越可爱，兄妹俩牵着小手出去玩，我看着别提多美了。儿子很喜欢这个妹妹，俩人亲得不得了，我也就安心多了。我现在除了上班，绝大部分时间都用来陪他俩了，儿子上小学了，闺女也会走了，省心多了，看着他俩健健康康、快快乐乐的，我知足了。

访谈对象 19（35 岁，大学本科，已婚，育有一子，企业人力资源经理）：

我们家是个儿子，5 岁了。我俩双独，早就可以再要一个。但我不太想要，儿子健康可爱，感觉一个就很好了。我公公婆婆和我老公还想让我再要一个。说实话，当初怀我儿子的时候就挺费劲的，喝了很久的中药调理身体才怀上。而且那段时间工作断断续续的，我真是不想再经历一遍……再生就是高龄产妇了，问题会更多，遭罪的还是咱们女人。除了这个原因，我工作也比较忙，儿子基本都是我公公婆婆在看，幼儿园接送也都是孩子他爸。他单位不忙，陪孩子多些，我陪儿子的时间就不多。如果再生一个，我会觉得更亏欠他们。生两个孩子，生活质量肯定会受影响，关键是精力达不到。我还想有点儿自己的生活，在事业上也能有收获，就一个宝贝儿，给他最好的不是更好吗？至于大家都说有个伴儿，其实咱成年了都知道，小时候是个伴儿，长大了可能各奔东西，各自成家，相处得好还能互相照应，相处得不好还不如一个人。而且，就算没有兄弟姐妹，还有同学朋友啊，我是这么理解的。

我不属于女强人，不是非要出人头地。以前，我也喜欢朝九晚五的生活，但一直没这个条件，感觉被推着往前走，不得不努力。在这个过程中，也收获不少，干得越好，成就感越强，反而停不下来了。而且我觉得，我努力工作也能给儿子树立个榜样。

访谈对象 20（41 岁，大学本科，已婚，育有一女一子，国企员工）：

说心里话，生完老二就后悔了，现在累得腰都直不起来。原来一个女儿挺好，都上初中了，也很听话。但后来政策放开了，公公婆婆就催着再生一个，想要个孙子。我当时 38 岁，年龄算是大的了，不想要。架不住老人一个劲儿催呀，说再不要岁数更大了。再生一个他们给带，让我不用担心。没办法，就要了。这么大岁数遭了多少罪我就不说了，生下来以后，是个儿子，全家高兴得不得了。高兴了没多久，还得回到现实问题上来，大的小的都是我自己在弄。婆婆去年病了一场，我哪好意思老麻烦他们。我家那位工作特别忙，回家也不太管。我现在真是天天灰头土脸，屁滚尿流的。连女儿都说我突然老了好多……我工作那边倒不是很忙，月底忙一些。我干了这么些年，也是老人儿了，以前算是业务骨干吧。从怀孕以后经常请假，领导也不好说什么，这几年明显觉得好像慢慢被挤到边上了，重要的任务领导不再找我了。行啊，我落得清闲，照顾好孩子吧。听我这么说，你肯定觉得我是那种不求上进的，其实不是。原来干得挺好，曾经准备提办公室副主任来着，我没太上心，因为基本没啥竞争对手，也正赶上家里催着要二胎，心烦意乱的。

四　成功探索篇

访谈对象 21（27 岁，大学本科，未婚，机关单位工作人员）：

我现在的工作太平淡了，每天就是打材料、发材料、接电话、复印文件，特琐碎。没事儿就是上上网，太空虚了。刚工作的时候还行，觉得这活儿不累，长时间下来真是太磨人了，整天打不起精神来。我对象都问我怎么整天“蔫头耷拉脑的”，他说我是闲的。我觉得还真是这么回事儿，工作没什么新东西，总是老一套，有时候还挺烦琐，上来一阵儿挺忙，可我总觉得忙得没啥意义，瞎忙。想换个工作，可是我的工作经历和学历，找个好工作也不是那么容易的，所以就想到考研，我不想这么庸庸碌碌地过下去，然后就结婚生孩子，有了孩子以后就更没什么精力学习了，现在不搏一把将来肯定得后悔。

刚工作时对未来的打算？有啊，不过只是个大概的方向。刚毕业的时候就想着赶紧有个工作。有了工作之后挺知足的，就想着好好表现，都是一个单位的，别给我爸妈丢脸。后来和我对象谈了半年多之后，就打算着，工作挺稳定，谈两年恋爱就结婚，有了孩子就当个贤妻良母，挺幸福的。可是时间长了，就够了，觉得过得太疲沓了，没劲。

访谈对象 22（38 岁，大学本科，已婚，育有一女，公务员）：

成功？女强人应该算是成功吧，还有写字楼里的白领，不知道她们自己怎么想，反正我看着她们是挺厉害的。不过，我不想做那样的人，看着太累。以前，电视台搞过那个幸福感调查，城市高层人群幸福感很低，我觉得也是。这个努力和成果是成正比的吧，她们收入高，平常肯定也比一般人辛苦。……我日子过得很安稳，虽然挣得不多吧，但也算是“小康”水平了。孩子学习不错，也不打算再要二胎了，那口子也算是有点本事，三口过得挺舒服的，我觉得这也算成功吧。努力工作为了什么，不就为了生活幸福嘛！工作上很辉煌，家里都顾不上，感觉不到幸福，那是图个啥嘛！

访谈对象 23（28 岁，硕士研究生，未婚，医生）：

刚毕业的时候我的学历在我们单位不算低的，但是临床经验肯定是不如人家那些年龄大一些大夫，肯定得虚心学啦。我跟他们关系都搞得挺不错的，他们也都把我当小孩儿，有些老大夫还是挺热心的，教了我不少东西。……其实要说真正大的转折还是从去年流感大暴发的时候，那次流感病情重，连大人都顶不住。当时每个医院都天天爆满，尤其我们儿科，生病的小孩儿太多了，我们科都加班加点连轴转。我寻思咱年轻，我就申请多加几个班，替替那些家里有孩子、有老人的同事，人家拖家带口的不容易，我一个人怎么都好说。可能就因为那次，我之后评上了先进，全院表彰，单位还发展我入党，那段时间特别的好，心里挺高兴的。从那以后我们院对我挺重视的，今年又同意我在职考博，给我提供条件，确实把我美坏了。有时候我都在想，我爸也说我，是不是有点儿太顺了，这样好吗？还是“夹着尾巴做人”的好，不能张狂，稳稳当当的。

五　工作家庭平衡篇

访谈对象 14（30 岁，大学本科，已婚，育有一女，国企员工）①：

其实，怎么说呢，工作和家庭有时候是有冲突的，可我觉得它们也是互相支撑的。比如说，有的时候工作上不顺心了，累了，回到家，家里人能给我很大的安慰，那时候就想，不管咋地还有我老公、闺女给我撑腰呢。可还有的时候呢，为了家里鸡毛蒜皮的事头疼，坐在办公桌前面，又能让我静下来。在工作的时候，头脑会比在生活中清醒得多。冲突归冲突，但也能互相补充，什么事不都是两面的嘛。

访谈对象 8（35 岁，硕士研究生，已婚，育有一子，高校教师）②：

我觉得有冲突。原先在公司干的时候特别忙，没时间照顾孩子，一般都是我婆婆帮我们看，家里的活也都是她帮着操持，后来我考研那段时间，虽然不工作了，但是天天得忙着复习看书，还是得老人帮忙。觉得挺过意不去的，不过当时幸亏有家里人帮忙。现在好多了，可以好好补偿他们一下。

---

① 访谈对象 14 在前面的“婚恋生育篇”曾出现过。

② 访谈对象 8 在前面的“学习深造篇”曾出现过。

访谈对象 10（50 岁，大学专科，已婚，育有一子，中学教师）[①]：

我现在对这种冲突的感受不太强，不过年轻的时候有。那时候一边忙工作，一边还得带孩子，忙里忙外的。我们家老头子整个一甩手掌柜的，确实把我累得够呛。后来孩子慢慢大了，尤其是高考之后我就轻快多了。现在孩子都快毕业了，我也该退休了……

访谈对象 20（41 岁，大学本科，已婚，育有一女一子，国企员工）[②]：

冲突当然有，主要是有了儿子（二孩）以后。本来平静的生活现在整个儿一团糟。原来生我女儿的时候，家里老人还年轻，能帮着看，我们没有太大压力，没感觉很明显的冲突。现在大的小的我一手带，老公忙一天累得回来啥也不干，我又得辅导作业，又得喂奶哄睡。白天我也得上班啊，我妈白天过来帮我看看小的。我妈比我婆婆岁数还大，唉，不忍心，可是没办法。

访谈对象 24（23 岁，未婚，大学四年级学生）：

我现在心里就很冲突。一方面想出去闯闯，外面的机会多嘛，可是又不想离家远了，父母年纪越来越大了，将来老了如果身体不好，我又不在跟前，咋办哪？每次回家，看到父母身体不如从前，心里边那种难受很难说清楚……都说“女儿是爸爸妈妈的贴身小棉袄”，更何况我又是家里的独生女，将来父母只能指望我了，我不舍得离他们远了。我爸妈说“我们不用你管，我们老了就住敬老院去，你忙你的，有空来看看我们就行了”，我哪能那么做呢？他们为我辛苦了大半辈子，我扔下他们不管，那我也太没良心了。……

---

① 访谈对象 10 在前面的“学习深造篇”曾出现过。

② 访谈对象 20 在前面的“婚恋生育篇”曾出现过。

访谈对象 15（32 岁，大学本科，已婚，育有一女，公司职员）[①]：

我和老公双方的父母没法帮我们照顾孩子，生下宝宝之前，老公就请了个保姆。雇保姆当然需要一笔开销，尽管我老公收入不低，但房子的贷款和全家的开销已经都超过了预期。在家休息了一年多以后，我想来想去还是应该重新工作赚钱，减轻老公的负担。其实，养家并不一定就是男人的事，两个人挣钱不是更好吗，单靠老公自己太辛苦他了。……工作之后，压力的确非常大，但可能是因为当了妈妈的原因，我反倒比原来更自信了，我知道我得帮老公挣钱养家，为孩子提供一个好环境。工作上手以后，很多项目、人际关系都处理得挺好，公司也给了我很多机会。为了集中精力在工作上，我们还是一直请保姆带孩子。现在，两份收入足够应付我们的开销啦，我很珍惜现在，希望能一直这样过下去，事业家庭两不误。

访谈对象 17（38 岁，硕士研究生，已婚，育有两子，高校教师）[②]：

要说没有冲突那是假的，虽然我坚决要俩娃，但这里面的辛苦我很清楚。现在老大基本不太用我操心，从小让我锻炼得挺独立的。我现在的精力主要在老二身上，雇了阿姨帮忙，我婆婆偶尔过来帮着做饭，我老公每个月回来能住几天，干点活儿，其实总体来说也还可以。工作那边按部就班，备课上课，有时候教研室杂事多，一个办公室的互相照应一下，也还应付得过来。主要是搞科研现在没太有时间，受点影响。不过，生老二之前有点成果，评职称的话也能用上。不知道今年能不能评上，无所谓啦，先带好孩子再说吧。

访谈对象 25（53 岁，大学专科，已婚，育有一女，会计师）：

我在工作当中一直还都算是比较不错的，领导对我也很重视。不过，年轻的时候有一次评职称，就因为我学历不行给我带来了很大的

① 访谈对象 15 在前面的“婚恋生育篇”曾出现过。
② 访谈对象 17 在前面的“婚恋生育篇”曾出现过。

麻烦，对我打击也挺大的。我就下决心一边上班一边自学。那时候我闺女小，每天晚上把她哄睡了我才能静下来学习，一学就学到两三点，第二天还得一早起来上班。幸亏孩子她爸很支持我，每天早上都是他一大早起来做饭，送孩子上学，我到现在都很感谢他。他进修那段时间我也给他做好后勤，我忙的时候他主内，他忙的时候我主内。两口子嘛，就得互相理解互相支持才行。我们俩这半辈子说是平平淡淡走过来的，其实也一块儿碰到过不少沟沟坎坎的，互相扶一把也就过来了，谁都不容易。现在都快退休了，回头想想，虽然生活当中七零八碎的事很多，可是我们俩在工作当中还都算有点小成绩吧，家庭也挺幸福。要说工作和家庭有冲突嘛，就是年轻的时候，尤其我闺女小时候特别牵扯精力，我刚才说了，夫妻两个商量好了也就不是什么难事儿。哦，再加上孩子更小的时候还有她奶奶、姥姥帮忙看一看，也帮我们不少。

附录 2-3　案例详情

第四章第六节“知识女性自我职业生涯管理综合分析”从诸多访谈对象中选取了三个较为典型的案例进行深度剖析。此处我们将这三位访谈对象的故事用更加完整的形式加以呈现。出于对访谈对象本人意愿的尊重，案例的呈现有的以笔者整理转述为主，有的则以访谈对象的原话为主。为保护个人隐私，案例中所涉及的人物、学校、工作单位均为化名。

访谈对象 A 的舞蹈生涯

访谈对象 A（以下简称 A），37 岁，在职硕士，已婚，育有一女，舞蹈演员。

一　求学经历

1983 年，A 出生于江苏省泰州市的一个普通家庭，父亲是机械制造厂的职工，母亲是一名幼儿园教师。A 从小就喜欢唱歌和跳舞，尤其是跳舞。当她还在幼儿园的时候，就经常在各种活动中担任领舞。1990 年，A 进入小学，不仅在舞蹈和音乐方面表现突出，在学习方面，A 也是成绩优异。因为女儿喜欢舞蹈，每到周末和寒暑假，母亲就把她送到艺校进行专业的舞蹈训练。舞蹈学校的老师也很喜欢 A，她身材比例协调，柔韧性好，在日常的训练中表现得很乖巧、懂事。在专业教师的精心指导和训练下，A 的舞蹈技能水平有了很大的提高。

转眼几年过去了，A 已经是小学五年级的学生了。有一次，妈妈送她去艺术学校进行舞蹈训练，指导教师跟妈妈谈起 A 的升学问题：“A 在舞蹈方面很有悟性，对舞蹈中人物的角色理解得非常好，而且训练又很刻苦，是舞蹈专业中难得的好苗子，建议她在读初中的时候报考艺术学校，这样舞蹈训练的时间更为充足。”

回到家之后，母亲把舞蹈学校老师的建议告诉了 A 的父亲。父亲说：“等孩子回来以后，我们一起听听她的想法吧，这毕竟是影响她将来学习和发展的大事。”其实，A 的母亲也这样想，她觉得虽然孩子还小，许多事情都不太明白，但是在关系孩子专业发展的重要事情上，还是得听听孩子自己的想法。A 放学回来之后，父母把这件事情告诉了她。A 说：“我以前也想过这个问题，我喜欢舞蹈，也喜欢学习，想将来能像妈妈一样，不仅能跳舞，而且能教别人跳舞。”

1995年，A上了初中，学习更加努力，除认真学好学校的各门课程，每天还要赶到艺术学校进行不少于两小时的舞蹈训练。周末和假期，她的训练更加投入。功夫不负有心人，在这期间，她多次到南京参加比赛和演出，1997年，在全省舞蹈大赛中荣获现代舞比赛的二等奖。1999年，A顺利升入了高中。2002年，她又以文化课全市第二名和舞蹈专业全市第十一名的成绩考入了舞蹈学院现代舞专业。毕业后，进入歌舞剧院工作。

二 恋爱与结婚

2007年，一个星期六的上午，A应邀去同事家做客，发现客厅里还坐着一位文质彬彬的男子，三十岁出头的模样，着一身得体的休闲西装，显得十分有精神。同事热情地向A介绍，此人是小G，刚从英国留学回来，现在在一家高科技公司担任研发工程师，和A是老乡。午饭后，小G送A回家。天空飘起了雪花，天气很冷，小G脱下自己的外套帮A披上，并打车送她回家。A心里涌起一丝感动，感觉从各个细节可以看出，小G做事大方得体，又懂得关心他人。

2008年，经过一年多的交往，A感受到，小G有上进心，工作能力强，而且心地善良。小G也感受到A的开朗乐观、阳光向上，慢慢地两人进入热恋。但A在泰州，小G在南京，有时一周相见一次，有时忙起来一个月都不一定能够相见。距离能够阻断两人的感情吗？结婚之后还要分居两地吗？将来有了孩子谁来照顾？这些现实问题摆在了A面前。

一个周末，两人相见，A告诉小G自己的顾虑，并说自己打算从歌舞剧院辞职，到南京找份工作，这样两个人就可以在一起了。小G很感动，也积极地想办法让A安心工作。一年后，小G所在的公司因看中泰州优越的地理位置和丰富的人力资源，为了发展需要，计划在泰州建立一家分公司，小G主动申请调至泰州，负责分公司的研发工作。

几个月后，一对恋人终于在泰州喜结连理。婚后的生活，甜蜜而又幸福。

三 生育子女

2010年春天，A怀孕了。她将喜讯告知丈夫，丈夫却并没有她想象中那样高兴，只是说：“老婆，你现在处在职业发展的黄金时期，我们分公司业务也刚刚开始，咱俩都很忙，能不能暂时不要孩子，等咱们的事业都稳定下来再考虑，好吗?”

A虽然是歌舞剧院的优秀舞蹈演员，但也有普通女人的一面。在她看来，一位女性如果没有亲身体验怀孕、生子、哺育孩子的过程，不管事业多么辉煌，人生也不完美。她告诉丈夫：“孩子是咱们爱情的结晶，是上天送给我们的小天使，我要把孩子生下来。我可以申请休假，暂停工作，如果你工作太忙，分不开身，我可以回娘家去，不会打扰你工作的。”一听妻子把话说到了这份儿上，小G妥协了。

其实，A心里很清楚，自己正值舞蹈演员的黄金年龄，很多优秀的舞蹈演员为了自己的艺术事业，选择了延迟结婚，或者不结婚，而有的即使结婚，也会选择延迟生育，甚至选择不要孩子。在舞蹈生涯的黄金时期选择生育，将会导致职业生涯的中断，对后期的职业发展产生负面影响。而A在孩子和事业之间，毫不犹豫地选择了前者。怀孕之后，她向歌舞剧院提交了休假申请，开始了为期一年半的休养。

怀孕、待产这段时间，母亲和婆婆也给予了A很好的照料，丈夫虽然工作忙，但也会抽时间陪她。休假期间，A终于有机会静下心来，认真思考自己求学和专业发展的历程。一路走来，有欢声笑语，也颇有几分艰辛，她在日记中写道：“舞者，是别人眼中的风景，但在光影流逝的背后，那是一份追求、虔诚与不舍。”

其实，其他职业何尝不是如此。不管从事何种职业，要想取得骄人的业绩，就需要付出更多的时间和汗水。A一边在家待产休息，一边思考自己的职业发展。她想既然在这段时间里不能进行技能训练，那么就加强一下理论学习吧。她从市图书馆和歌舞剧院的资料室借阅了大量舞蹈理论和艺术方面的著作，进行理论学习；同时，她还查阅了世界最著名的舞蹈表演艺术家的经典艺术作品，一遍又一遍地观看，边看边撰写感悟。几个月下来，她便撰写了多达两万字的读书笔记和思想感悟，在舞蹈理论方面的水平有了极大的提升。

几个月之后，2011年2月，女儿顺利降生了。此时，A申请的假期还剩八个月，从产后身体恢复的第二三个月开始，她就在家里一边哺乳、照料孩子，一边阅读舞蹈理论方面的专业书籍，同时，还进行舞蹈技能的恢复性训练，这些都是在为自己能够顺利重返职场做准备。虽然全职哺乳的假期有八个月，但是从第六个月开始，A就逐步回归工作岗位，边哺乳边工作。哺乳期结束后，她很快就适应了自己的工作角色。因夫妻俩工作繁忙，A 总有父母或公婆帮忙照看孩子、料理家务，年轻的小夫妻没有被生活的烦琐所困扰，全力以赴投入工作。

四 回归职场

重返职场前，A 为自己制订了一系列的发展计划。重返职场后，这些阶段性的计划在稳步实践着：2012 年，她 29 岁，再次回归舞蹈的她，显得更加成熟。在经历了爱情、婚姻与生育女儿后，她对情感的理解更加深入。背后有一个温暖和谐的家庭默默地支持自己，A 的工作更加投入。良好的专业基本功，丰富的专业基础知识，端正的工作态度，比过去更加刻苦的专业训练，使她的舞蹈表现力展示出从未有过的高度。

2015 年，她 32 岁，以她为领舞的大型舞蹈节目《我心飞翔》在省级舞蹈大赛中，获得特等奖，这一年她也被评为国家二级舞蹈演员。2017 年，A 考取在职研究生。

与此同时，无论工作多忙，每天的晚上 7 点半到 8 点半，一定是她陪伴女儿讲故事、做游戏的时间。她说："妈妈的陪伴是无人可以替代的。跟女儿在一起，心里的满足感没法用语言表达。有时间就多陪，没时间就少陪，但一定要陪。见证孩子每一点滴的成长是做母亲最大的幸福了。"

当被问及今后有什么打算时，A 说："32 岁到 40 岁，也将是我舞蹈生涯的重要时期。在接下来的时间里我会更加刻苦地训练，当然也不会忽略我的小宝贝和老公。我觉得能在我的小家和事业之间找到一个平衡点。我最希望女儿健康快乐地成长，也希望能够给观众带来更多更好的舞蹈作品。……等到了 40 岁，我希望能逐渐转到幕后，担任编舞或编导，如果能有机会当舞蹈老师也很好，一直想教孩子们跳舞……"

有人说 A 是幸运的，有了家人的帮助，她可以家庭工作两不误。其实，这份幸运本身离不开她在工作中的刻苦、努力与付出，更离不开她良好的自我职业生涯管理。

访谈对象 B 的"带娃"生涯

访谈对象 B（以下简称 B），29 岁，大学本科，已婚，育有一子，幼儿园生活老师。

一　求学与就业

> 上学的时候，我就属于那种不是特别聪明，但是特别刻苦的孩子。别人写完作业就去玩儿了，我都会很认真地复习好几遍。我印象最深的就是小时候背课文，我会比别人多付出好几倍的时间，有好多我到现在都记得很清楚。直到高中，我一直是那种很刻苦但成绩不是特别突出的。高考考上了本科，虽然不是什么名校，但我挺知足的了。

在与 B 的交谈中，发现她是个对人对事都很认真且充满热情的人，她对自己的要求一直比较严格。上学时虽算不上名列前茅，但也是个基础非常扎实、勤奋努力、积极上进的学生。考研时，英语受限，仅以 3 分之差未考取钟爱的学校。她没有服从调剂，而是选择继续留在母校所在的城市山东济南，求职就业。

> 我工作找得算不上顺利，但是我这人比较“轴”，认准了就多去试试。我们学中文的，说实话不好找工作。我去了好几家企业，都没什么结果。有一家我挺喜欢那儿的工作环境，离我租的房子也近，但人家一看我简历上的专业，就委婉地拒绝了，说她们公司不缺文案。但我厚着脸皮又去了好两次，跟人家说我不一定非要做文案的工作，文秘甚至打杂都行。我说我就是看好他们公司了。他们的人力资源经理，人挺随和的，看我去了好几次，口才也还行，就让我去她办公室聊聊。我这人比较能聊，去了就和人家一通神侃，讲了我上学、恋爱、找工作很多方面的事儿，然后讲到对他们公司的了解和仰慕，等吧。我们聊得挺愉快，经理看好我，说可以试着做她的行政助理，三个月试用期。我当时真没想到真能行啊，有了机会就努力呗，那三个月别提多卖力了，有时候还得跟着经理出差、加班加点。不过累归累，跟着她还是挺长见识的。经理很认可我，当然就留下了。在那干了三年，现在想想还挺留恋的。

虽然考研未能如愿，但开朗、健谈的 B 用自己的执着与真诚赢得了工作的机会，踏实肯干的工作作风也使她在工作岗位上站稳了脚跟。积极、热情的她，很快就在公司里“打开了局面”，凭借着过硬的工作能力和好人缘，她在公司里工作得很愉快。

二 恋爱与结婚

我是大学时候认识的我老公，但我们不是一个学校的。我们是在学校的一次活动上认识的。那时候我大二，他研一了，比我大4岁。他属于那种很有耐心，有大哥哥范儿，很会照顾人的那种。活动的时候帮我们搬东西、拉横幅、送水，活动结束帮着收拾东西，挺能干的。因为活动见过几次面，我对他印象很深。不瞒你说，当时是我追的他。我寻思这么好的人，不能错过，没什么不好意思的。他是个学霸，基本心思都在学习上，典型的理科男，不会说不会道的，所以一直没找女朋友，正好让我“捡了个漏儿”。

他是硕博连读，我大学毕业的时候他还在上学。我没考上研究生，调剂我没去，不想离他远了，不想离开济南，就直接工作了。我工作的第二年，他虽然还没毕业，但基本定下来留校了，我们就结婚了。这时候才真正感觉在济南扎根了。

B说，大学时期是她最美的回忆，她找到了属于自己的爱情。那个有着大哥哥范儿的学长使她感觉到格外温暖。他是江苏人，自己是山东枣庄人，在济南打拼，都是身在异乡，但感觉心里很踏实，很有归属感。不仅如此，他的优秀深深吸引了她，也激发了她不断向上的动力。B满脸幸福地说，遇见对的人就主动出击，是她这辈子做过的最正确的决定。

三 生育子女

结婚第二年有了我儿子，我老公当时刚工作，很忙，还得照顾我。家里老人身体不好，没法帮我们看孩子，雇人我又不放心，就我们俩人忙得团团转。我老公是那种又聪明又刻苦的人，科研搞得特别好，在他们学校很出色，对我们母子俩也是无微不至的。说实话，我特崇拜他，也很感动。看他那么累，两边要兼顾，真是不忍心。我不想让他分心，就把工作辞了，专心在家照顾孩子，反正以我老公的能力也能养得起我们。

其实，我也舍不得原来的工作，干得顺手，同事关系也好，挺舒心的。但有时候得出差，忙起来也怕顾不上家。孩子太小，我老公也忙。我和我老公相比，他的条件更好，能力更强。我觉得辞了也就辞了，也不算牺牲，这样我俩都不那么累了，孩子还能得到更好的照顾，我可以天天陪着他。不过，天天跟孩子泡在一起，吃喝拉撒，鸡毛蒜皮，真是把人熬成黄脸婆了。有时候想想也挺烦的，挺委屈的。我这人脾气臭，耐心差点儿，发个脾气啥的，也幸亏我老公脾气好。下了班都是他看着孩子，让我有点自己的时间休息休息，出去跳跳舞，要不也真是受不了。

当初我辞职的时候，国家还没放开二孩，但我老公是独生子，我们可以再要一个。那时候本打算孩子上了幼儿园，我趁年轻，马上再要一个，所以我就先不着急工作，等老二也上了幼儿园再说。但是吧，计划赶不上变化。去年，儿子上了幼儿园，本想着我能轻快轻快，调理一下身体准备要二胎。谁知道孩子刚上幼儿园总是生病。刚去三天幼儿园，接着就高烧 40 度，刚好了不到一周，去上两天，又开始疱疹性咽峡炎，基本上就没断过档。看孩子病那个小样，急啊，心疼啊，二胎的事儿就先放放了。

B 为了家庭、为了孩子，毅然选择了辞去来之不易且得心应手的工作。虽然不舍，但出于对丈夫事业的支持、对孩子成长的责任感，在权衡家庭与事业时，她还是选择了前者。而且，她在辞职之初就做好了生育二孩的打算，计划在 7 年之内全身心投入家庭，重返职场的计划暂时搁置。

四　重返职场

儿子上了半年幼儿园，情况好点了，生病少一些了，就天天送。但是孩子不爱去，整天别别扭扭的，我还是不大放心。也巧了，我这人爱聊，经常和幼儿园老师聊天，就听说他们幼儿园缺生活老师。我和我老公一商量，我去应聘吧，反正在家闲着也是闲着，暂时也不打算要二胎了，先把这一个照顾好吧。当生活老师能在幼儿园里面，经常去看看我儿子，孩子有个依靠也能适应得快点儿，心情好了也能少生病。我老公就觉得，我以前在公司干那么好，现在去干个这样没有编制的生活老师，有点“屈才”了，如果想工作还是应该找个专业对口的。可是我觉得吧，像我这样不工作三四年了，找自己专业对口的恐怕人家早嫌我落伍了，当生活老师应该可以胜任吧，最主要还是为了孩子。而且，如果打算再生一个的话，随时可以辞职，毕竟不是正式的，辞了也不会太心疼。

我这干了半年多了，慢慢适应了。每天上班下班，忙忙活活的，感觉还是挺充实的。以前是天天跟我儿子一个人“磨”，现在是跟一大帮孩子“磨”，反正都是带娃。一开始一大帮子吵吵闹闹的，真是忙不过来，这个说“老师，我想喝水”，那个说“老师，帮我擦擦鼻涕吧”，有的抱着大腿不撒手，有的中午不睡觉捣乱……说心里话，谁弄一大帮孩子也会累，也会有缺乏耐心的时候。这真是个良心活儿，我自己有孩子，了解家长的心，也知道孩子离开父母那种不适应，那种无助。我是个急性子，但是干这个工作不能急了，我感觉在班上对孩子们比对我自己的儿子耐心多了，班里孩子都挺喜欢我的。虽然忙活，但看着那些萌萌的小样儿，听着奶声奶气的小童声，总感觉能触动自己心里最柔软的那块地方。我想，耐心地照顾这些孩子，其实就是在善待自己的孩子。

我经常抽空到我儿子班外面偷偷看看，悄悄问问老师情况咋样。有一次，儿子跟我说：“妈妈，你要看我就直接进班里看吧，我不会缠着你不让你走的。你不在我身边，我也知道妈妈一直在幼儿园里，我就不会哭了。”听儿子这么一说，我眼泪差点下来，我想这工作无论辛不辛苦，挣得多少，是不是正式的，干不干得长久，都不重要，儿子好，我就安心了，值了。

重返职场的 B，体会到了忙碌与充实。为人母之后，对幼儿园生活老师这一职业的理解也更加深刻。虽然不是正式员工，但她能静下心、俯下身，投入极大的耐心和爱心，为了班里的孩子，也为了自己的孩子。B 为家庭的付出令我们动容，以她顽强的自我信念、认真投入的工作态度和乐观坚毅的个性特点，如果能够在发展过程中对职业生涯进行有序的规划和管理，便可以平衡工作和家庭，使二者相互协调、相互促进，并收获一个更好的自己。

访谈对象 C 的学术生涯

访谈对象 C（以下简称 C），46 岁，博士，已婚，育有一子，高校教师。

第一次见 C，感觉她举手投足间都透着知性、独立与干练。这位女博士在了解了我们的研究项目后，表示非常感兴趣。收到我们的访谈邀请时，她十分爽快地答应了，并主动建议我们可以把她的故事以个案的形式呈现出来。她说："虽然我不是什么功成名就的人物，但我感觉作为一名女性，在职业发展这条路上自己还是有不少心得的，如果觉得有用，大家看了能受点儿启发，你就写出来吧。"

一　学习经历

提到学习经历，C 说："我这学习经历可很丰富啊。很多人一听你是女博士，感觉像见到'东方不败'一样。认为你肯定是超级学霸，从小优秀得不得了，一路凯歌。其实真不是这样，我的第一学历，你肯定想不到，中专。"

C 说，自己中学时的成绩属于中游偏上，每次考试成绩起起伏伏，不太稳定，自己也不是很自信。中考时，家里人说女孩子读个中专早点工作就行了，她也怕考试发挥失常，就同意了家人的意见。19 岁时中专毕业，她被分配到了县城的一所中学当英语教师，收入不高，但工作稳定。工作不到一年，她逐渐发现，当老师仅有中专学历是不够的，就利用业余时间报考了自学考试，用三年的时间完成了大学专科课程，拿到了英语专业的大专毕业证书。

> 拿到毕业证书那一刻，感觉挺自豪的，这是自己实打实学出来的，边工作边自考很不容易。自学考试过的人都知道，不是那种可以蒙混过关的考试，真的需要自己一门一门地考出来。我本身又是这个专业的，其实学了也不仅仅是为了考试，为了学历，也能提升自己的专业。

自学考试带来的成就感，促使 C 再接再厉，又开始了大学本科阶段课程的学习和考试。又历时四年，所有课程考试合格，顺利通过了论文答辩，取得了大学本科毕业证书。这一年，她 27 岁。

拿到本科学历的 C，已经不满足于在县城中学教书了，她想出去闯闯外面更广阔的天地，看看自己到底有多大的潜力，能达到什么样的水平。

她想到了报考研究生。经过慎重的考虑，她辞了职。在网上查询了很多关于考研的信息和资料后，选定了她想要报考的大学——××大学，并从县城的家来到了大学校园里，在这里寻找机会。

C经常到合堂教室旁听本科学生的课程，也因此结识了几位本专业的同学，了解了不少关于考研的信息和老师上课的时间安排。一个月后，任课老师发现，在教室的角落里总是坐着一个姑娘，看上去很陌生，就上前问她："你是哪个班的？怎么有些眼生？"C有些不好意思地说："我是校外的，想来听听您的课。没经过您同意，很抱歉。"老师听后笑着说："不用抱歉，你爱听我的课，我很高兴。不过，你是怎么想到来听我的课的？你是学这个专业的吗？"老师坐下来，和C攀谈起来，C把自己的经历、想法和盘托出。老师感慨于她的学习精神，对她说："你跟着我上课吧，不用不好意思，你想考研的话，可以来听听我给研究生上的课。"C听后，一时激动得不知该说什么好，只连声说"谢谢您！谢谢您！"她没有想到，因为自己的坚持，竟然真的能得到这么宝贵的机会，她知道自己离梦想又近了一步。而这位任课老师，正是C崇拜已久想要报考的导师——马老师。

> 我这一生都会感谢我的导师，当初在迷雾里摸索的时候，他就像是灯塔，一下让我看到了光亮。当时，马老师知道我在这租房子学习，特意安排一个研究生师姐帮我找了宿舍，解决了我的大问题。而且，住在校园里，我也有更多的机会接触这里的信息和资源，便于我考研，当然也弥补了我大学经历的空白。

有了导师的特许，C有了更多上课的机会，她在努力复习统考科目的同时，经常去听老师给本科生、研究生上的专业课程。日语是C考研时的第二外语，经马老师的引荐，她还获得了旁听日语课的"特权"。如此难得的学习机会，C非常珍惜，加倍努力。通过听课，她精进了专业知识，也熟悉了老师的研究方向。越是学习，C越是深刻地感受到自己的选择是正确的。不仅选择辞职考研是正确的，而且所选的研究领域也是她所钟爱的。经过一年的努力，28岁这年，她终于成为一名英语语言文学专业的硕士研究生。

在读研期间，C一直跟随导师做研究，用她的话说："我不是科班出身，专业底子比较薄，有时候还是有些吃力的。但马老师很耐心，没嫌弃我这只‘笨鸟’，还经常鼓励我，推荐书给我读。一开始读很费劲，但慢慢的，自己都能感觉到进步。”

C稳扎稳打，自信心也得到了极大的提升。看到她的进步，马老师很欣慰，并建议她继续攻读博士学位。“老师一说，我自己也动了心思，我想，自己终于‘上道’了，那就索性读到底，看看自己到底能不能行。”在导师的推荐和指导下，31岁的C成功考取了北京××大学的博士研究生。

二 结婚生子

我的恋爱经历没什么特别的，最传统的方式，相亲。当时读研二，家里觉得我年龄大了，急得不行，催着我赶紧找对象。一个师姐帮我介绍的，保定开发区的中学老师，我当时打算研究生毕业留在保定的，就同意见面了。他人挺朴实，不高也不帅，但给人感觉挺踏实的，很实诚，没有虚的假的。我对他的印象还是挺好的。谈了有一年多吧，考博那年结的婚。……我这个“老姑娘”结了婚，家里也算是放心了。要不我妈一直为了我辞职的事埋怨我，说女孩子家家的，学那么多有啥用，如果不辞职，留在县城，孩子都满地跑了。

C一直怀揣着梦想，秉持着自己的信念，不停地往前走。婚后，C在北京读博，丈夫在保定工作，夫妻俩分居两地，但丈夫一直很支持她，“好在保定离北京并不远，他经常来看我，我也每月回家看看”。在读博的第三年，C怀孕了，“要孩子是我们计划好的，因为毕竟岁数不小了，33了，年龄再大点对我、对孩子都不好。我计划要孩子之前跟导师沟通过，导师很理解，让我早做打算，尽量不影响毕业。我也早早着手我的毕业论文，怕生孩子影响到毕业进度。怀孕的时候距离毕业还有7个多月，和预想的差不多，如果能顺利通过毕业答辩，是可以在毕业后生孩子的，什么都不影响。要不得办休学，又要拖很久”。

“我挺着个大肚子通过了毕业论文答辩。后来我还跟我儿子说，他从在妈妈肚子里的时候就开始受熏陶了，在肚子里连博士阶段的东西都学了不少，这胎教应该不错。”C讲述自己的经历时，说得轻描淡写，轻松愉快，但这其中的艰辛可想而知。这时，她停顿了一下，说：

这个过程中，家人、老师、同学给了我太多的帮助和支持。冷眼旁观的人可能看我一路走来，觉得很顺利。其实，其中的滋味自己最清楚。但我想说的是，无论付出多少，首先必须是自己喜欢的，有兴趣的，觉得为它努力是值得的。再就是，要提前做好打算，也就是你们所说的职业生涯规划。盲目地去努力，有时候可能是徒劳的，或者是漫无目的的。

有人说我一路提升学历是出于一份虚荣心或者好胜心。从中专到博士，很多人可能想都不敢想，觉得过程太漫长，太辛苦。尤其咱们女性，有了家庭，有了孩子，几乎就是不可能实现的。每个人的目标和梦想不同，动力也就不一样。我想说的是，女性不一定非要追求高学历，不管学历达到什么程度，只要达到了自己的目标，有助于实现自己的想法和价值，就足够了。

三 再入职场

博士毕业后，C在家生产，孩子8个月时，她开始工作，回母校××大学任教。早在博士毕业前一年，C就去了母校应聘，凭借着过硬的科研能力，成功被母校录用。

母校的环境我很熟悉，很快就融进去了。我以前也当过老师，教学的功底也有，不过大学生和初中生区别很大，他们思维活跃，思路也更开阔，会问到很多我都想不到的问题。有时候，一时间都不知怎么回答他们。实在弄不明白的，我就去问我导师或者去图书馆看书。反正，感觉浑身是劲儿。

工作之后，除了喂奶，孩子都是老人在管。一直到孩子三四岁了，我有时候会陪孩子看看故事书，或者晚上陪他出去跟小朋友玩，其他时间还是孩子奶奶或者我老公在带。那时候，大把的时间还是放在工作上了。虽然课不是很多，但是备课、科研占用了我绝大部分的时间。那时候觉得孩子小，只要有人照顾就行了，有老人在身边就足够了，我趁着年轻可以多拼拼。那时候的想法就是，刚工作，还是回母校教学，不能给导师丢人啊。所以就格外努力，有时甚至有点儿跟自己较劲。

在母校任教六年，41 岁的 C 晋升为副教授，同年还获得了赴英国做访问学者的机会，这一走就是一整年。这一年，学术水平和能力的提升自不必说，但同时，儿子入学也正好是这一年。刚开始上学，需要妈妈的关心、引导和照顾，而这时的 C 却远在英国，只能通过网络与孩子视频通话。每每听到孩子在网络的另一头用稚嫩的声音讲述着学校里发生的种种，她都在心里默默自责，从孩子出生以来，作为母亲，陪伴孩子的时间太少。

在英国的一年，是我反思最多的一段时间。独自一人在异国他乡，静下心来，回想了很多事。在学业上、工作上，似乎没给自己留下太多遗憾，觉得自己拼尽全力，也算有所收获，我不后悔。但是，在家庭方面，对家人、对孩子的关心太少，总感觉他们是最亲的人，无论怎样他们都在那里，不需要我刻意做太多，他们永远等着我。但学习和工作不一样，“逆水行舟，不进则退”，不能松懈。就是因为有这样的想法，才忽略了家人。孩子的成长，过去了就是过去了，我缺席的部分永远补不齐了。

四　自我反思

C 自访学回国后两年，因科研成果突出，破格晋升为教授，并担任硕士研究生导师。44 岁的她开始反思自己走过的路，决定逐渐放慢脚步，多留点时间给家人、给孩子、给生活。埋头前行的路上，不忘抬头看路，也不愿错过沿途的风景。

在母校工作 11 年了，科研、教学，能算得上是游刃有余吧，偶尔遇到些问题，也能比较不错地解决。努力这些年，有这样的收获，我很知足了。以前我总想看看自己到底有多大的潜力，能提高到什么程度。现在有了答案，也实现了目标。不是我能力有多强，其实这背后包含着很多人的付出。比如，我的父母、导师，还有我的公婆和我老公。我一步一步往前走，好像没有负担，因为这些负担是他们在身后帮我扛着。年龄越大，看得越清楚，想得越明白。

除了工作，重要的是我这几年也慢慢学会了去兼顾家庭。儿子现在已经上初中了，进入青春期，开始有点儿小叛逆。我这个当妈的必须得耐心，多陪他谈谈心，给他足够的关注和关心。当然现在的孩子更希望给他们空间，我也努力不做强势的妈妈，给他自由，让他学会去掌握自己的人生。我越来真切地感觉到，妈妈的角色真的是奶奶、爸爸和其他任何人都代替不了的。干了这么多年教育，越来越清楚母亲的教育是对孩子最好的滋养，见证儿子的成长应该是我生命的一部分，以前真的忽略了。回想起来，都感觉自己那时候有些自私，一切为了自己。不过好在醒悟得不算晚。儿子现在和我像朋友，当然有时也闹闹别扭，互相发发脾气，这才是真正意义上的母子吧。以后，我和老公打算经常带儿子出去旅游，一起走走转转，一起开阔眼界，互相陪伴，感受生活。

C 是成功的，她的每一步坚定而自信。纵观她的整个发展历程，可以发现，她在职业生涯的各个阶段都有具体的目标，而且这些目标具有明确的指向性和层次性。她善于计划，勤于总结，乐于反思，勇于改进。谈到职业生涯管理，她毫无保留地分享了自己的经验和教训，足见其对职业生涯的深刻认知与把握。

参考文献

Astin, H. S., "The Meaning of Work in Women's Life: A Sociopsychological Model of Career Choice and Work Behavior", *The Counseling Psychologist*, No. 12, 1984.

Betz, D. C., Hackett, G., "The Relationship of Career-Related Self-Efficacy Expectations to Perceived Career Options in College Men and Women", *Journal of Counseling Psychology*, No. 28, 1981.

Betz, Fitzgerald, *The Career Psychology of Women*, NY: New York Academic Press, 1987.

Claes, R., Ruis-Quintanilla, S. A., "Influences of Early Career Experiences, Occupational Group, and National Culture on Proactive Career Behavior", *Journal of Vocational Behavior*, No. 52, 1998.

Farmer, H. S., "Model of Career and Achievement Motivation for Women and Men", *Journal of Counseling Psychology*, No. 3, 1985.

Greenhaus, J. H., Callanan, G. A., Godshalk, V. M., *Career Management*, Fort Worth: Dryden Press, 2000.

Greenhaus, J. H., " Sources of Conflict between Work and Family Roles", *Academy of Management Review*, No. 10, 1985.

Hackett, G., Lent, R. W., Greenhaus, J. H., "Advances in Vocational Theory and Research: A 20-Years Retrospective", *Journal of Vocational Behavior*, No. 38, 1991.

Hall, D. T., "A Model of Coping with Role Conflict: The Role Behavior of College-Educated Woman", *Administrative Science Quarterly*, No. 17, 1972.

Hall, D. T., *Career in Organizations*, Glencoe, IL: Scott, Foresman, 1976.

Hall, D. T., Moss, J. E., "The New Protean Career Contract: Helping Organizations and Employees Adapt", *Organizational Dynamics*, No. 4, 1998.

Hall, D. T., "Protean Career of the 21st Century", *The Academy of Management Executive*, No. 10, 1996.

Kossek, E. E., Robert, K., Fisher, S., Demarr, B., "Creer Self-Management: A Quasi-Experimental Assessment of the Effects of a Training Intervention", *Personnel Psychology*, No. 51, 1998.

Mirvis, P. H., Hall, D. T., "Psychological Success and the Boundaryless Career", *Journal of Organizational Behavior*, No. 15, 1994.

Noe, R. A., *Employee Training & Development*, New York: McGraw-Hill, 1998.

Noe, R. A., "Is Career Management Related to Employee Development and Performance?" *Journal of Organizational Behavior*, No. 17, 1996.

Orpen, C., "The Effects of Organization and Individual Career Management on Career Success", *International Journal of Manpower*, Vol. 15, No. 1, 1994.

Schwartz, S. H., "A Theory of Cultural Values and Some Implications for Work", *Applied Psychology: An International Review*, Vol. 48, No. 1, 1999.

Sharf, R. S., *Applying Career Development Theory to Counseling*, California: Brooks/Cole Publishing Company, 1997.

Stumpf, S. A., et al., "Development of the Career Exploration Survey (CES)", *Journal of Vocational Behavior*, No. 22, 1983.

Super, D. E., "A Life-Span, Life-Space, Approach to Career Development", in D. Brown, L. Brooks eds., *Career Choice and Development*, San Francisco: Jossey-Bass, 1990.

Super, D. E., *Work Value Inventory*, Boston: Houghton Mifflin, 1970.

Van Maanen, J. and Schein, E. H., "Improving the Quality of Work Life: Career Development", in Hackman, J. R., Suttle, J. L. eds., *Improving Life at Work*, Santa Monica, CA: Goodyear, 1977.

White, B., "The Career Development of Successful Women", *Women in Management Review*, No. 3, 1995.

［美］Claire A. Etaugh、Judith S. Bridge：《女性心理学》，苏彦捷等译，北京大学出版社 2003 年版。

陈向明：《质的研究方法与社会科学研究》，教育科学出版社 2000 年版。

程倩：《二孩政策对白领职业女性的影响——以 A 大学青年女教师为例》，硕士学位论文，安徽大学，2017 年。

樊晓军、秦芳：《"全面二孩"政策下职业女性工作生活平衡对策研究》，《价值工程》2018 年第 3 期。

范玲：《二孩政策放开后高龄孕妇的管理》，《中国医刊》2017 年第 10 期。

方志、武玉：《二孩政策对高校女性教职工的影响及高校工会的调节作用》，《中国劳动关系学院学报》2017 年第 4 期。

风笑天：《生育二胎："双独夫妇"的意愿及相关因素分析》，《社会科学》2010 年第 5 期。

何建华：《国外女性职业生涯开发研究现状综述》，《外国经济与管理》2006 年第 1 期。

胡艳红：《大学生择业效能感的因素分析及其与职业兴趣、职业价值观的关系研究》，硕士学位论文，陕西师范大学，2003 年。

黄桂霞：《促进女性公平就业研讨会综述》，《妇女研究论丛》2014 年第 1 期。

［美］卡罗尔·吉利根：《不同的声音——心理学理论与妇女发展》，肖巍译，中央编译出版社 1998 年版。

李芬：《工作母亲的职业新困境及其化解——以单独二孩政策为背景》，《东南大学学报》（哲学社会科学版）2015 年第 4 期。

李龙万：《"全面二孩"政策对女性就业的影响》，《产业与科技论坛》2016 年第 21 期。

李文静：《员工职业生涯的心理契约的动态管理》，《经济与管理》2004 年第 10 期。

凌文辁、方俐洛、白利刚：《我国大学生的职业价值观研究》，《心理学报》1999 年第 3 期。

刘军：《中学生亟需职业生涯设计指导》，《中小学管理》2004 年第 8 期。

龙立荣、方俐洛、李晔：《社会认知职业理论与传统职业理论比较研究》，《心理科学进展》2002 年第 2 期。

龙立荣、李晔：《职业生涯管理》，中国纺织出版社 2003 年版。

龙立荣：《企业员工自我职业生涯管理的影响因素》，《心理学报》2003 年第 4 期。

龙立荣：《职业生涯管理的结构及其关系研究》，华中师范大学出版社 2002 年版。

楼静波：《当代青年的职业价值观》，《青年研究》1990 年第 Z1 期。

罗双平：《职业生涯规划理论》，《中国公务员》2003 年第 5 期。

马小红、孙超：《中国人口生育政策 60 年》，《北京社会科学》2011 年第 2 期。

宁维卫：《中国城市青年职业价值观研究》，《成都大学学报》（社会科学版）1996 年第 4 期。

欧明臣：《广东地区企业员工自我职业生涯管理与组织职业生涯管理初探》，硕士学位论文，暨南大学，2004 年。

沈之菲：《超越“玻璃天花板”——21 世纪女性的职业选择》，《教育与职业》1999 年第 2 期。

宋健、周宇香：《中国已婚妇女生育状况对就业的影响——兼论经济支持和照料支持的调节作用》，《妇女研究论丛》2015 年第 4 期。

孙彤、李悦主编：《职业设计与优选人才》，山东人民出版社 1995 年版。

王新超、吴岩：《人事组织心理学》，人民教育出版社 2001 年版。

王一敏：《当代青年的职业选择与指导》，上海教育出版社 1998 年版。

吴贵明：《女性职业生涯发展研究综述》，《福建商业高等专科学校学报》2004 年第 1 期。

吴贵明：《中国女性职业生涯发展研究》，中国社会科学出版社 2004 年版。

吴谅谅、冯颖、范巍：《职业女性工作家庭冲突的压力源研究》，《应用心理学》2003 年第 1 期。

［美］夏埃、威里斯：《成人发展与老龄化》，乐国安译，华东师范大学出版社 2002 年版。

肖琴、汤林涛、张扬、孙银花：《全面二孩政策下的女性职业生涯保障探析》，《河南科技大学学报》（社会科学版）2016 年第 4 期。

肖胜利：《二孩政策下的女性就业歧视问题研究》，《法制与社会》2016 年第 7 期。

薛路花：《25—44 岁与 45—65 岁女性职业生涯转换的比较研究》，硕士学位论文，华东师范大学，2014 年。

杨芳、郭小敏：《“全面二孩”对职业女性的影响及政策支持研究——基于工作与家庭平衡的视角》，《中国青年研究》2017 年第 10 期。

杨菊华：《“单独二孩”政策对女性就业的潜在影响及应对思考》，《妇女研究论丛》2014 年第 4 期。

杨燕：《职业女性生涯发展研究》，硕士学位论文，厦门大学，2001 年。

叶文振：《“单独二胎”生育政策的女性学思考》，《中共福建省委党校学报》2014 年第 12 期。

于玲玲：《中专生职业期望研究》，硕士学位论文，苏州大学，2001 年。

余华、黄希庭：《大学生与内地企业员工职业价值观的比较研究》，《心理科学》2000 年第 6 期。

张川川：《子女数量对已婚女性劳动供给和工资的影响》，《人口与经济》2011 年第 5 期。

张微微：《工作—家庭促进对女性职业成功的影响研究》，硕士学位论文，内蒙古大学，2017 年。

张霞、茹雪：《中国职业女性生育困境原因探析——以“全面二孩”政策为背景》，《贵州社会科学》2016 年第 9 期。

张韵：《“全面二孩”政策对女性职业发展的影响及因应之策》，《福建行政学院学报》2016 年第 4 期。

张再生：《职业生涯管理》，经济管理出版社 2002 年版。

周文霞：《职业生涯管理》，复旦大学出版社 2004 年版。